The Really Useful
Book of Science Experiments:

给小学教师的 100 个简单的 科学实验创意

[英] 特雷西·安·阿斯顿 Tracy-ann Aston

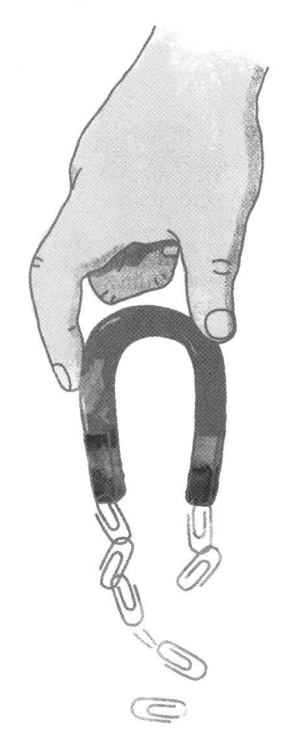

中国青年出版社
CHINA YOUTH PRESS
中青文传媒

100 easy ideas for primary school teachers

图书在版编目(CIP)数据

给小学教师的100个简单的科学实验创意/(英)特雷西·安·阿斯顿著；韩小宁，刘白玉，顿小慧译.
—北京：中国青年出版社，2016.8
书名原文：The Really Useful Book of Science Experiments: 100 easy ideas for primary school teachers
ISBN 978-7-5153-4248-1

Ⅰ.①给… Ⅱ.①特…②韩…③刘…④顿… Ⅲ.①科学实验-小学-教学参考资料 Ⅳ.①G623.63
中国版本图书馆CIP数据核字（2016）第141930号

The Really Useful Book of Science Experiments: 100 easy ideas for primary school teachers / by Tracy-ann Aston/
ISBN: 9781138784147
Copyright © 2016 Taylor & Francis
Authorized translation from English language edition published by Routledge, part of Taylor & Francis Group LLC.
Simplified Chinese translation copyright © 2016 by China Youth Press.
All rights reserved.
Copies of this book sold without a Taylor & Francis sticker on the cover are unauthorized and illegal.
本书中文简体翻译版授权由中国青年出版社独家出版并在限在中国大陆地区销售。未经出版者书面许可，不得以任何方式复制或发行本书的任何部分。
本书封面贴有Taylor & Francis公司防伪标签，无标签者不得销售。

给小学教师的100个简单的科学实验创意

作　　者：	〔英〕特雷西·安·阿斯顿
译　　者：	韩小宁　刘白玉　顿小慧
责任编辑：	肖　佳　庞冰心
美术编辑：	张燕楠
出　　版：	中国青年出版社
发　　行：	北京中青文文化传媒有限公司
电　　话：	010-65516873/65518035
公司网址：	www.cyb.com.cn
购书网址：	zqwts.tmall.com
印　　刷：	大厂回族自治县益利印刷有限公司
版　　次：	2016年8月第1版
印　　次：	2021年3月第3次印刷
开　　本：	787×1092　1/16
字　　数：	150千字
印　　张：	20
京权图字：	01-2016-1518
书　　号：	ISBN 978-7-5153-4248-1
定　　价：	45.00元

版权声明

未经出版人事先书面许可，对本出版物的任何部分不得以任何方式或途径复制或传播，包括但不限于复印、录制、录音，或通过任何数据库、在线信息、数字化产品或可检索的系统。

中青版图书，版权所有，盗版必究

写在前面的话
一本非常有用的科学实验书

本书包含了100个简单易行的科学实验方法，让所有小学教师在没有专业设备的情况下进行课堂教学。

书中的实验方法可以分成很多容易操作的部分，包括：

■ 现实世界：这类实验主要是探索真实的世界，包括人体、植物、生态和疾病。

■ 物质世界：这类实验主要是探索构成这个世界的物质及其特性，包括金属、酸碱物质、水及其他元素。

■ 物理世界：这类实验主要是探索物理概念及其应用，包括电流、空间、工程与建筑。

■ 不同的世界：实验还探索一些有趣但非同寻常的科学领域，包括司法科学、海洋生物学、火山学等。

每一个实验都包括"学科知识指南"部分，介绍实验中遇到的重点科学概念，书中的每个实验也提供了一些提高或者降低挑战的建议。

学习此书并不需要科学背景知识，人人都可以拿来学习，而且此书还与《国家课程标准》相对接，这样便于学习者与相关学习目标联系起来。此书适应于所有小学教师、见习教师及课堂教学助理，他们都期待将活生生的科学世界带进教室。

本书作者特雷西·安·阿斯顿，是英国倍德福德大学教育与教师培训学院讲师。

目 录

写在前面的话 / 一本非常有用的科学实验书 **/003/**
前言 **/010/**
如何使用本书 **/015/**

实验 ❶：反应时间 ·· 017
实验 ❷：分　解 ·· 020
实验 ❸：保　温 ·· 023
实验 ❹：心　跳 ·· 026
实验 ❺：大脚，大手 ·· 029
实验 ❻：味觉与嗅觉 ·· 032
实验 ❼：接　球 ·· 035
实验 ❽：测测你的敏感度 ··· 038
实验 ❾：该出汗了 ·· 041
实验 ❿：食品检测 ·· 044
实验 ⓫：关于酵母 ·· 047
实验 ⓬：植物生长需要的条件 ·· 050

实验 ⑬：我们周边有哪些植物 ·········· 053

实验 ⑭：刷　牙 ·········· 056

实验 ⑮：设计一粒种子 ·········· 059

实验 ⑯：找出叶孔 ·········· 062

实验 ⑰：咀嚼食物 ·········· 065

实验 ⑱：绿色的虫子 ·········· 068

实验 ⑲：我们有多么不同 ·········· 071

实验 ⑳：多彩的康乃馨 ·········· 074

实验 ㉑：流动的水 ·········· 077

实验 ㉒：鸟　喙 ·········· 080

实验 ㉓：发霉的面包 ·········· 083

实验 ㉔：种子发芽 ·········· 086

实验 ㉕：肥料 ·········· 089

实验 ㉖：做个指示器 ·········· 092

实验 ㉗：M&M巧克力豆色层分析 ·········· 095

实验 ㉘：是时候分离了 ·········· 098

实验 ㉙：糖的溶解 ·········· 101

实验 ㉚：找到溶剂 ·········· 104

实验 ㉛：让我们达到饱和吧 ·········· 107

实验 ㉜：净化水 ·········· 109

实验 ㉝：扩散速度 ·········· 111

实验 ㉞：最好用的吸管 ·········· 114

实验 ㉟：制作乳剂 ·········· 117

实验 36：盐 水 ··· 120

实验 37：观察熔化现象 ·· 123

实验 38：观察燃烧现象 ·· 126

实验 39：生锈问题 ··· 129

实验 40：导体还是绝缘体 ·· 132

实验 41：最牢固的线 ··· 135

实验 42：设计一个袋子 ·· 138

实验 43：保持干燥 ··· 141

实验 44：晾干湿物 ··· 144

实验 45：土壤样本比较 ·· 147

实验 46：测试石头 ··· 150

实验 47：酸 雨 ··· 153

实验 48：冰块挑战 ··· 156

实验 49：水去哪儿了 ··· 159

实验 50：制作化石 ··· 161

实验 51：你的磁铁磁力有多强 ································· 164

实验 52：制作电磁体 ··· 167

实验 53：我们来做一个开关吧 ································· 170

实验 54：水果电池 ··· 173

实验 55：较亮的灯泡 ··· 176

实验 56：沉 浮 ··· 179

实验 57：密度，密度 ··· 182

实验 58：摩擦力 ··· 184

实验 59：力的大小 ··· 187

实验 60：弹力球 ··· 189

实验 61：加速的汽车 ··· 192

实验 62：我们来做个直升机 ··· 195

实验 63：我们来做个降落伞 ··· 198

实验 64：热传导 ··· 200

实验 65：摆动的时间 ··· 203

实验 66：拉伸弹簧 ·· 206

实验 67：制造彩虹 ·· 209

实验 68：五颜六色的光 ·· 212

实验 69：设计窗帘 ·· 215

实验 70：魔镜，魔镜告诉我 ··· 218

实验 71：阴　影 ··· 221

实验 72：会奏乐的水 ··· 224

实验 73：制作旧式助听筒 ·· 227

实验 74：隔　音 ··· 230

实验 75：设计一款"看看手有多稳"的游戏 ································ 233

实验 76：验　尿 ··· 236

实验 77：火山喷发 ·· 239

实验 78：哪种是最佳洗涤剂 ··· 242

实验 79：制作气垫船 ··· 245

实验 80：七叶树果实探秘 ·· 248

实验 81：保护鸡蛋 ·· 251

实验 ⑧ ：CSI：犯罪现场调查 ·········· 254

实验 ⑧ ："测量"光合作用 ············ 257

实验 ⑭ ：挑剔的土鳖虫 ··············· 260

实验 ⑮ ：探究小熊软糖 ··············· 263

实验 ⑯ ：制造波浪 ···················· 266

实验 ⑰ ：快叫医生 ···················· 269

实验 ⑱ ：做个弹力球 ················· 272

实验 ⑲ ：制作迷你火箭 ·············· 275

实验 ⑳ ：提取DNA ··················· 278

实验 ㉑ ：制作柠檬汽水 ·············· 281

实验 ㉒ ：制作熔岩灯 ················· 284

实验 ㉓ ：制作黏泥 ···················· 287

实验 ㉔ ：从牛奶中提取"塑料" ······ 290

实验 ㉕ ：清洁硬币 ···················· 293

实验 ㉖ ：五颜六色的牛奶 ··········· 296

实验 ㉗ ：自制冰激凌 ················· 298

实验 ㉘ ：早餐吃点铁 ················· 301

实验 ㉙ ：在杯子里堆肥 ·············· 304

实验 ⑩ ：制作晶体 ···················· 307

前 言

- **关于本书**

　　此书是针对所有小学教师、见习教师、课堂助教、父母而撰写的，因为他们都想在孩子们探索周围奇妙的世界时，给孩子们一个惊喜。我们可以通过书本和工作表让孩子们了解科学，但是给孩子们亲身体验科学的机会，让他们自己经常做科学实验，不仅锻炼他们的思维能力，而且能够增强他们学习科学的兴趣。此书展示了100个科学实验创意，任何小学生都可以完成，这些实验的目的是增强他们对于科学这门重要学科的热爱。有一些经典的科学实验，但采用的是新的科学方法，有些老师可能不太熟悉。我希望教师和学生能够发现此书的科学实验富有启迪意义，能够鼓励教师在课堂上扩大科学实验的范围和进行科学实验的数量。

- **为什么科学实验在科学课中是非常关键的**

　　目前在大学阶段，学习科学、技术、工程及数学的学生数量在下降，这导致了社会劳动力有关此方面技能的短缺。我们生活在一个科技日新月异的时代，我们需要社会个体拥有科学知识，不幸的是，孩子们缺少对"科学家"和"科学"的正确理解。在他们的印象里，科学家就是一个头发蓬乱的老头，穿着白色的实验服，在实验室里独自进行着一次又一次的实验。但事实完全不是这样，科学家来自生活的方方面面，研究领域异常广阔：有开发药品的药学家，有探索海洋的生物学家，有研究新型望远镜的天体物理学家。科学具有多学科的属性，科学家在实验室里没日没夜单打独斗做实验的日子已经一去不复返了，现在的科学研究是由来自全世界的

INTRODUCTION

不同专家组成的团队共同进行，目的是创造新的突破。此书的实验也是让学生们合作完成，在相关情境下发现科学创意和科学原理。通过广泛地进行科学探索，学生们不仅拓宽了科学知识，增强了学习科学的兴趣，而且学会了重要的实践技能，譬如观察、测量、处理数据、沟通等，所有这些技能都对学习其他学科大有益处。

为了培养下一代科学家，培养社会个体的科学意识，我们需要用振奋人心的、相关的、亲手操作的科学实验来激励学生学习科学，科学实验在科学学习中扮演着重要角色。不断有研究表明，小学生随着年龄的增长，对科学的兴趣在下降，这种兴趣的下降常常归咎于在科学课上缺少高质量的实验课。小学生们经常说，他们最喜欢的科学课是亲自参加实验，但是，我们的科学课却常常缺乏定期的、高质量的、实践性的内容。为了提高学生对科学的兴趣，教师必须给学生们提供足够的进行科学实验的机会。为了在课堂上成功地进行科学实验，教师必须有足够的信心和知识，知道如何进行不同内容的科学实验。对于见习教师来讲，常常缺乏这种信心和知识，原因是见习教师缺乏足够的科学培训，并缺乏来自校方的大力支持。此书的目的是给教师和见习教师大量可供选择的创意，提供足够的知识，让他们有足够的创意和知识来进行有关的实验教学。书中列出的实验方法都经过了验证，对老师和学生都行之有效。此书中所进行的高质量的科学实验并不需要专业的、贵重的设备，只需要标准的教室设施和家庭用品。虽然此书所设计的科学实验不需要特别注意健康和安全问题，但健康和安全却需要教师和学生给予一定的关注，尤其是在进行那些激动人心的实验时，要遵守基本的健康和安全规则。此书设计了一些需要教师示范的简单步骤，目的是让学生在进行科学实验时既充满乐趣又确保安全。

• 新的《国家课程标准》

2013年版的新《国家课程标准》规定了在小学讲授科学这门课的总体框架。小学《国家课程标准》分为两个主要部分，第一部分是针对一二年级的学生，第二部分是针对三至六年级的学生，所涵盖的内容包括植物、动物（包括人）、生物及其栖息地、进化及其遗传、日常材料、日常材料的使用、材料的性质及其变化、季节变化、岩石、物质的状态、灯、力及磁性、声音、电、地球与天空。在学习科学这门课时，学生们需要开发自己的实用技能和实验技能。尽管科学课有自己的学习标准,但是希望教师让学生"科学地"掌握相应的科学知识,而不是学了一堆理论和概念。此书的科学实验,不仅能够让教师教给学生科学课所规定的相关知识,而且让学生能够亲自"科学地"进行实验。

尽管此书的实验与最新《国家课程标准》(2014版)进行了相关的对接,但教师们在整个年度讲授科学课时,不要以为此实验课可以替代《国家课程标准》所规定的课程。新《国家课程标准》在教师教什么和如何教方面,给了教师更多的自由。不过此书的实验提供了一些针对不同年龄段和不同能力学生如何提高挑战和降低挑战的方法,教师可以灵活使用。《国家课程标准》只是规定了讲授每门课的最低要求,这就给教师和学校提供了开发自己课程标准的空间。记住,科学实验不仅仅限于在课堂上进行科学课,而且适用于课后科学俱乐部或者和其他课程一起进行,以便促进跨学科学习。

● 教师的标准

2013年教育部颁布的新《教师标准》,是对教师和见习教师的最低要求,目前的教师标准要求教师必须达到如下标准:

1. 设定能够激发、激励和挑战学生的高标准。
2. 促进学生不断进步,并取得优秀成绩。
3. 拥有合适的课程知识和学科知识。
4. 规划和讲授设计合理的课程。
5. 能够根据学生的实际情况和需要进行教学。
6. 进行准确和富有成效的评估。
7. 对学生进行有效的行为管理,以保证良好和安全的学习环境。
8. 承担相应的专业职责。

此书的科学实验会帮助教师和见习教师达到以上规定的教师标准,因为这些都是经过完整规划和实践证明的实验,能够激发和激励学生。每一个实验都有评估方法,有提问学生的问题,以便评估学生的实验水平并拓展学习内容。本书将信息收集与沟通的技能嵌入到了实验中,让学生有机会获取这些技能,书中还给出了如何通过家庭作业或者跨学科拓展科学实验的建议。

如何使用本书

- **如何使用本书**

　　此书介绍了100个适用于小学生科学实验的创意。此书根据最新《国家课程标准》中对科学课的要求所撰写，但不仅仅限于其最基本要求。这些实验可以作为科学课所讲授的部分内容在小学课堂上进行，也可以应用于科学俱乐部，想激发、挑战孩子的父母也可在家里使用。实验分为四个部分：现实世界、物质世界、物理世界、不同的世界。书中的每个实验都分为以下几个小部分：

　　■ 学习目标：此项实验的学习目标。

　　■ 实验简介：此项科学实验的简单介绍。

　　■ 前期知识准备：在完成此项实验之前，最理想的情况是，孩子们已经了解了某些知识。

　　■ 科学背景知识：简单介绍此项科学实验背后的科学知识，这个主要是针对教师，学生不必要知道这些知识。

　　■ 与《国家课程标准》的对接：对科学这门课，此实验是如何与《国家课程标准》对接的。

　　■ 所需材料：列出进行此项科学实验所需要的材料清单。

　　■ 安全及技术注意事项：简要介绍一下进行此项实验需要考虑的安全问题，及特殊技术问题。书中进行的实验有些是使用通用的过敏原，例如，鸡蛋、牛奶、草莓等。教师应该记得，在做这些实验时，应检查一下这些过敏原，有些实验需要事先得到家长的许可（这些实验已经在书中表明）。教师应当确保，所进行的科学实验得到学校的许可，或者符合学校关于安全的总的规定。

■ 实验方法：孩子们进行该项实验所需要的方法。

■ 数据收集：如何展示实验结果。

■ 差异化实验：对此项实验如何提高难度或者降低难度的建议。

■ 备选问题：在进行该项实验时或者实验后，你可以向学生们提的一些问题。

■ 拓展任务：根据在其他课上进行实验或者在家进行实验的结果，提出一些拓展任务的建议。

实验1

实验1
反应时间

学习目标：

测量动作反应时间。

实验简介：

学生通过如下实验检验自己的反应时间：一个学生扔尺子，自己接住尺子，将接住尺子的距离换算成反应时间。

前期知识准备：

完成此项任务不需要学生掌握任何前期知识。

科学背景知识：

反应时间是指生物对某一特定刺激物做出反应的时间，这个反应时间包括两个部分：第一，思考时间，即你的大脑多久才意识到某件事情发生了，你必须对此做出反应及神经系统对此刺激物做出反应的速度。对于人类来讲，神经系统包括大脑和神经元（神经细胞）。神经冲动在身体内传递得非常快，这意味着我们面对刺激物会做出快速的反应。这对人类的生存非常重要，譬如，当你的手碰到非常热的东西时，会快速缩回，但你的身体在面对刺激物时却不会做出快速反应。通常在刺激物和身体反应之间有一个滞后期，这个滞后期就称为反应时间。有些因素会增加或者降低你的反应时间，譬如，酒精就是一种镇静药，会降低你的神经系统，因此就增加了你的反应时间。神经系统的某些疾病，例如多发性硬化，也可能增加你的反应时间。

国家课程对接：

■ **三年级课程：** 动物，包括人类

——了解人类和某些动物拥有骨骼和肌肉以支撑、保护和活动身体。

EXPERIMENT 1

所需材料：

- 尺子：30cm的尺子或者米尺。

⚠ 安全及技术注意事项：

- 如果是与较小的孩子做实验,那么最好使用较小的尺子,譬如30cm长的尺子,大一些的孩子可以使用米尺。
- 有必要给孩子展示一些扔尺子和接尺子的技术,扔尺子的孩子不应该告诉接尺子的孩子他什么时间扔,学生应该用惯用手接尺子。

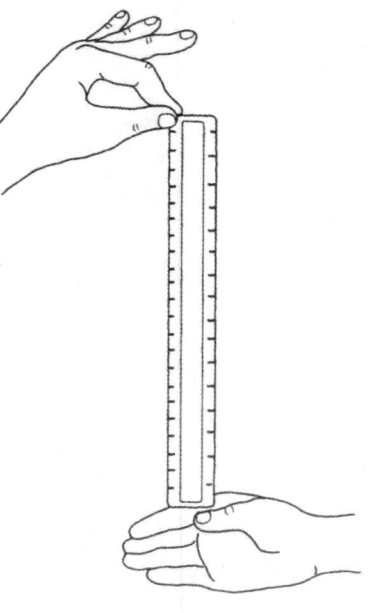

实验方法：

教师准备工作：

准备好"计算反应时间表",使用打印好的工作表或使用白板。

🎓 学生任务：

1. 面对面站着。
2. 让你的搭档拿住尺子,伸直胳臂,尺子的刻度从下至上,即零度在下端。
3. 伸直胳臂,你的惯用手正好位于尺子的下面,但不能碰到尺子。
4. 当你的搭档准备好后,就扔尺子,你则尽快抓住尺子。
5. 当你接住尺子时,记下靠近你大拇指的尺子的数字。
6. 连续做5次,然后与你的搭档交换角色。

📊 数据收集：

试验	姓名		姓名	
	长度（cm）	时间（秒）	长度（cm）	时间（秒）
第一次试验				
第二次试验				
第三次试验				
第四次试验				
第五次试验				
平　均				

差异化实验：
- **降低难度**：告诉孩子抓住尺子时的刻度数。
- **提高难度**：孩子可以用非惯用手做实验，并且比较与惯用手的结果。

备选问题：
- 你认为是否能做些事情来改善反应时间？
- 你能够想出一些缩短反应时间的方法吗？
- 什么样的工作需要人们有快速反应时间？

拓展任务：

　　实验可以在几周时间内定期反复做，看看学生的反应时间是否得到改善。这个与需要改善反应时间的运动员类似，譬如，中短跑运动员，需要在发令枪响后立刻起跑，要达到这个目的，他们需要经常锻炼，缩短反应时间。

EXPERIMENT 2

实验2
分 解

学习目标：

研究哪些物质会分解，以及它们是如何分解的。

实验简介：

学生通过把不同物质埋入地下来研究哪些物质会分解以及它们分解的速度，每隔一段时间观察被埋的物质，看看发生了什么变化。

前期知识准备：

学生应该知道"腐坏"（decay）或"分解"（decomposition）这两个词的含义［他们可能会用"腐烂"（rotting）这个词］。

科学背景知识：

物质的分解是由生活在土壤中的细菌（还有一些真菌）导致的。细菌是活的生物体，这意味着它们需要某些条件才能生存，其中一个条件是必须有营养来源。因为细菌生活在土壤里，所以这些营养通常来自于土壤中有机物的分解。细菌通过释放生物酶来分解有机物，所有的有机物最终都会分解，包括来源于生物体的物质例如纸张等。分解速度受到很多因素的影响，例如温度（因为有生物酶，温度不能过高或者过低）、土壤的含水量和含氧量、有助于分解的其他生物如蠕虫和蝇类等。

国家课程对接：

■ **一年级课程：** 日常材料

——描述各种日常材料的基本物理属性。

■ **四年级课程：** 生物及其栖息环境

——认识到环境是会发生变化的，有些变化会给生物带来威胁。

> 实验 2

- **五年级课程**：物质的属性和变化

——根据硬度、溶解度、透明度、传导性（导电和导热）、磁性等物理属性，对日常材料进行比较和归类。

——对金属、木头和塑料等日常材料进行对比和公平测试，分析其用途及原因。

所需材料：

- 合适的实验材料，例如报纸、硬纸板、锡纸、塑料瓶、易拉罐、香蕉皮、金属勺、苹果核、泡过的茶包等；
- 合适的挖掘工具，如手抹泥刀；
- 给掩埋地点做标记用的材料，如植物标签或雪糕棒；
- 数码相机。

⚠ 安全及技术注意事项：

- 不要埋入肉类、鱼、熟食或鸡蛋/蛋壳等，因为它们会招来寄生虫。
- 确保装过食物的容器已经彻底清洗干净。
- 监督学生使用园艺工具，工具的大小要适合学生。
- 实验结束后学生必须洗手。

实验方法：

教师准备工作：

收集掩埋用的材料并寻找合适的实验地点，材料埋入土壤前先拍照，用以提示学生。你也可以让学生仔细观察每种材料的特征，包括外观、气味、手感等。

🎓 学生任务：

1. 选择你要最先埋入土中的物体。
2. 用手抹泥刀在肥堆里挖个洞，确保洞挖得足够大，能把物体完全放进去。
3. 把要埋的物体放进洞里，用刚才挖出的土覆盖住，把土堆尽量拍打平整。
4. 在埋好的物体旁边放上写好的标签，标示物体埋藏的位置。
5. 按上述步骤埋好其他物体，尽量让每次挖的洞深度一致。

检查物体：

1. 找到某个标签，用手抹泥刀小心地挖出掩埋物，除非经过老师许可，否则不要把物体从洞里拿出来或者用手触碰。

EXPERIMENT 2

2. 给物体拍照，写下观察结果，想想你看见了什么，闻到了什么，摸到了什么，以及听到了什么。

3. 用挖出的土再次覆盖物体并重新放好标签。

4. 按同样步骤处理其他被埋的物体。

数据收集：

每次检查物体时，学生可以用数码相机拍照。这些照片可以当作展示分解过程的"时间轴"，这样做有助于提醒学生发生了什么，学生也可以把每次观察物体的结果写下来。

差异化实验：

- **降低难度**：可以全班一起做实验，让不同学生负责实验过程中的不同任务。
- **提高难度**：学生可以研究影响分解的其他因素。例如，他们可以把相同的物体埋进装满干土的罐子并把它放在教室里，然后和埋在户外的物体进行对比——缺少水分会导致细菌分解物质的速度非常缓慢甚至停滞。

备选问题：

- 能分解与不能分解的物质有什么共同点？
- 你认为为什么有些物质不能分解？
- 为什么说了解某种物质是否能分解很重要？

拓展任务：

本实验可以和废品回收利用及可持续发展相关的作业联系起来，例如，学生可以设计一种使用后能降解的产品（比如袋子），把它和用不可降解材料制成的产品进行比较。

实验3
保 温

学习目标：

研究哪些材料的保温性能最好。

实验简介：

学生通过测试不同材料对烧杯中热水的保温效果，研究哪种材料的保温性最佳。水温要按照设定的时间间隔进行测量，以便观察温度的变化。

前期知识准备：

学生应当会使用温度计或者数据记录仪。

科学背景知识：

烧杯中的热水会因为热传导、热对流和热辐射过程而损失热量。热是一种只能单向传递的能量——从热的区域传到冷的区域。在热传导和热对流中，粒子发生碰撞时导致热能从"热"粒子传到"冷"粒子上。在热辐射中，热能以红外线辐射的方式被转移，红外线是一种电磁波。隔热体能阻止或减缓热能的转移，有些材料能防止热传导和热对流过程中的热量损失。这些材料中往往有密封的空气泡，例如聚苯乙烯。空气，尤其是密封的空气泡，是一种很好的隔热体，因为它的粒子间距非常大。其他材料如箔纸，能防止热辐射过程中的热量损失，因为它们能把热量"反射"回热源体。

国家课程对接：

■ **一年级课程：** 日常材料

——描述各种日常材料的基本物理属性。

■ **二年级课程：** 动物，包括人类

——认识到环境是会发生变化的，有些变化会给生物带来威胁。

EXPERIMENT 3

- **二年级课程**：日常材料的使用

——识别并比较各种日常材料的用途及其适用性，包括木头、金属、塑料、玻璃、砖、石、纸和硬纸板等。

- **五年级课程**：物质的属性和变化

——根据硬度、可溶性、透明度、传导性（导电和导热）、磁性等物理属性，对日常材料进行比较和归类。

所需材料：

- 各种测试用的材料，如布料、锡纸、脱脂棉、报纸、棉纸等。
- 烧杯。
- 温度计或者数据记录仪。
- 橡皮筋。
- 定时器。
- 水。

⚠ 安全及技术注意事项：

- 监督学生使用热水，本实验不需要开水，热水龙头的水就足够了。
- 确保烧杯没有被打翻的危险，特别是放入温度计的时候。
- 做实验时学生应该站着，如果热水溅出，这样可以降低风险。

实验方法：

教师准备工作：

准备实验用的各种材料，尽量保证它们大小一致。这是一个"公平"测试，所以要鼓励学生思考实验中需要控制的变量。

🎓 学生任务：

1. 从老师给的材料中选出一种，把烧杯包裹住，尽量用材料均匀地包住烧杯，用橡皮筋固定。
2. 往烧杯里倒入热水。
3. 测量水温并把结果记录在实验表里。
4. 开始计时，每分钟测量一次水温，连续测5分钟。
5. 用其他材料重复实验。

实验 3

数据收集：

材料	初始水温（℃）	水温（℃）					五分钟后与初始水温的温差
		1分钟	2分钟	3分钟	4分钟	5分钟	

差异化实验：

- **降低难度**：每分钟测量一次水温对有些学生来说可能有点困难，可以用数据记录仪按照设定好的间隔来自动测量和记录水温。
- **提高难度**：学生可以研究保温材料是否也能让冷的物体保持低温，例如用它们包裹装满冰块的烧杯，并比较两种实验结果。

备选问题：

- 哪种材料保温性能最好/最差？你是怎么知道的？
- 你认为为什么这些材料是好/差的隔热体？
- 哪种衣服通常会设计有良好的隔热功能？

拓展任务：

　　本实验的结果可以和隔热服的概念相联系，看看这种衣服还需要什么附加功能。例如，脱脂棉是很好的隔热体但它不防水，学生可以想想怎样才能做出一件合适的隔热服。

EXPERIMENT 4

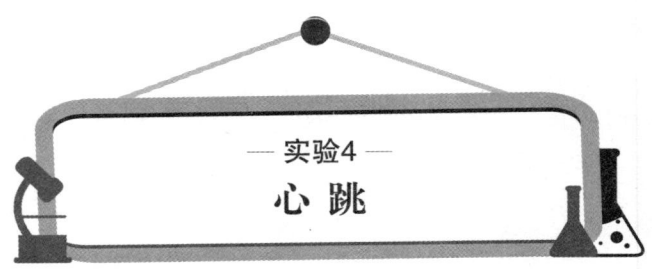

实验4
心 跳

学习目标：

研究我们运动时心跳率会怎样变化。

实验简介：

学生研究休息时和运动时的心跳率。先坐着测量心跳率，然后进行不同类型的体育运动，看看对他们的心跳率有什么影响。

前期知识准备：

学生应该了解心脏在人体中的基本功能，以及脉搏率能体现心跳的速度。

科学背景知识：

心脏的作用是将血液输送到全身，血液中有氧气、分解的食物和身体产生的废物。运动时心脏需要跳得更快，因为肌肉呼吸（从我们吃的食物产生出能量的过程）需要氧气（在红血球里）。肌肉的工作强度越大，需要的能量越多。肌肉呼吸过程中还会产生一种废物即二氧化碳，它需要被血液带到肺部（二氧化碳溶于血液）。肌肉还会产生"乳酸"（导致你身体"刺痛"的物质），乳酸需要被带到肝脏进行分解，这些额外增加的物质也意味着心脏必须跳得更快才能把它们快速输送到全身。

国家课程对接：

■ **二年级课程：** 动物，包括人类

——描述合理运动、饮食得当和讲究卫生对人类的重要性。

■ **六年级课程：** 动物，包括人类

——认识人体循环系统的主要部位并说出其名称，描述心脏、血管及血液的功能。

——认识饮食、运动、药物以及生活方式对身体功能的影响。

> 实验 4

——描述养分和水在动物（包括人类）体内是怎么输送的。

所需材料：

- 合适的运动器材，例如球、跳绳、呼啦圈、体操垫子等。
- 定时器。

⚠ 安全及技术注意事项：

- 保持和体育课同样的运动强度。
- 确保学生穿着合适的衣服和鞋子。
- 禁止学生在楼梯上乱跑。
- 请谨慎对待那些不愿积极参与体育活动的学生。
- 了解清楚是否有学生身体不适，对参加体育活动有无影响。
- 进行体育活动时你最好给全班同学一起计时。

实验方法：

教师准备工作：

确认合适的实验地点，并确保学生能够使用各种合适的运动器材。

🎓 学生任务：

1. 坐着休息时测量脉搏率，把结果记录在实验表格里。
2. 选择你想要的运动项目，锻炼一分钟，老师会给你计时并告诉你何时停下来。
3. 一分钟到后，再次测量你的脉搏率，把结果记录在表格里。
4. 坐下来休息一分钟，再次测量你的脉搏率。如果脉搏率降到最开始休息时的频率，继续实验。如果没有，再休息30秒，然后测量脉搏率。
5. 换一种运动项目，重复上述实验。

📊 数据收集：

"我休息时的心跳率是_____。"

运动项目	锻炼一分钟后的心跳率

EXPERIMENT 4

差异化实验：
- **降低难度：** 学生可以依据每项运动后的疲劳程度简单地按1~10分打分。
- **提高难度：** 学生还可以研究运动一分钟后需要多长时间脉搏率才能恢复到休息时的水平，以及每项运动需要的时间有无差别。

备选问题：
- 哪种体育运动使你的脉搏率增加的幅度最大/最小？你认为原因是什么？
- 你认为还有哪些运动项目能使你的脉搏率加快很多？
- 你认为为什么人在运动时心跳会加快？

拓展任务：
　　这个实验可以和健康的生活方式相联系，学生可以研究为了保持"健康的心脏"还需要做什么，例如低盐、低胆固醇的健康饮食，不抽烟、不过度饮酒，等等。

实验5
大脚，大手

学习目标：

研究身体不同部位之间的关系。

实验简介：

学生研究身体的不同部位之间是否存在关系，他们可以验证老师提出的关系，也可以按自己的想法进行研究。

前期知识准备：

学生不需要任何预备知识来完成这个实验，但他们应该会使用简单的测量工具，例如卷尺。

科学背景知识：

大多数人身体的各部位大小是成比例的，这是因为基因（决定身体特征的因素）能影响我们身体的骨骼生长。基因对全身骨骼的影响是一样的，因此，举例来说，高个子人的脚通常比矮个子人的脚更大。其他因素如饮食也会影响身体，可能导致骨骼和肌肉发育得更快或更慢。身体特征也会影响你完成某些任务的效果，例如，腿长的人通常比腿短的人跳得更高，手大的人通常比手小的人"抓握"的范围更大。

国家课程对接：

■ **三年级课程**：动物，包括人类

——了解人类和某些动物拥有骨骼和肌肉以支撑、保护和活动身体。

■ **五年级课程**：动物，包括人类

——描述人类步入老年阶段会发生什么变化。

EXPERIMENT 5

- **六年级课程**：进化和遗传

——了解生物会繁衍同类后代，但通常情况下后代会产生差异，与上一代并不完全相同。

所需材料：

- 简单的测量工具，例如卷尺、直尺、绳子等。

⚠ 安全及技术注意事项：

- 避免任何涉及称体重的活动，因为这会让有些学生难堪。
- 为了得到更可靠的实验结果，最好测量20人以上，可以分组进行实验，然后"汇总"结果。

实验方法：

教师准备工作：

决定让学生研究哪些身体部位之间的关系，或者让学生自己提出实验目标。

🎓 **学生任务：**

1. 决定你要研究哪些身体部位的关系。
2. 决定你需要的实验工具。
3. 开展实验，让班上尽可能多的同学参加。
4. 把实验结果记录在表格里。

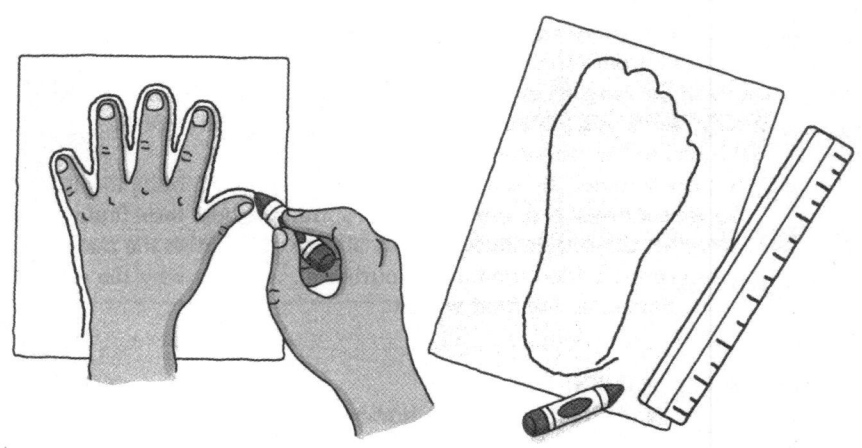

> 实验 5

数据收集：

学生可以用基础表格记录实验结果，然后根据研究内容画出直方图、条形图或散点图。

差异化实验：

- **降低难度**：学生可以形象地记录结果，例如画出手脚轮廓并贴到事先准备好的类别关系图上。
- **提高难度**：学生可以研究测量难度高的身体部位，例如头围或食指的长度，老师可以给他们讲解散点图上的"最佳吻合直线"概念以及这条线的用处。

备选问题：

- 你发现身体部位之间有什么关系？你感到惊讶吗？
- 为什么实验需要测量很多人？
- 如果测量的人年龄再大点或着年龄再小点，你认为结果会一样吗？

拓展任务：

学生可以选择研究身体部位之间的某种关系，测试另外一班年龄大点或小点的学生，看看这种关系是否仍然成立。

EXPERIMENT 6

实验6
味觉与嗅觉

学习目标：

研究一下，假如在摄取食物时只有味觉，结果会怎样。

实验简介：

学生检查摄取食物时只有味觉的效果，学生们可以通过蒙住眼睛，或者不使用嗅觉来分别不同水果的味道。

前期知识准备：

学生需要了解五种感觉的名称和作用。

科学背景知识：

摄取食物时，嗅觉是很重要的。我们的鼻腔具有嗅区，这一区域具有很多可以检测到气味的神经细胞，使得我们可以闻到气味。当我们摄入食物时，气味会从食物中散发出来，飘散到我们的鼻腔中，这有助于我们了解我们正在吃的食物的味道。这就是我们在感冒时吃东西会没有味道的原因，因为你鼻塞了，气味难以到达鼻腔的神经细胞。

当然，没有嗅觉时，我们也依然可以借助舌头上的味蕾来品尝味道。食物中的化学成分在唾液中被分解，刺激味蕾向大脑释放神经冲动。但是，这些味蕾只能区分主要的味道，如甜、咸、酸、苦，以及最近发现的鲜味（如开胃菜），这也就是为什么在我们充分享用食物的味道时，嗅觉是至关重要的。

国家课程对接：

■ **一年级课程：** 动物，包括人类

——识别、说出、画出并用标签注明动物身体的不同部位，并说出身体的哪一部位与哪种感觉相关联。

- **二年级课程**：动物，包括人类

——找出动物包括人类维系生命的基本要素（水、食物、空气）。

- **三年级课程**：动物，包括人类

——认识到动物，包括人类，需要适宜类型和数量的营养，因为他们自己不能生产食物，而是从所摄取的食物中获取营养。

- **四年级课程**：动物，包括人类

——描述人类消化系统不同部位的基本功能。

所需材料：

- 味道丰富的、切好的水果，例如，苹果、草莓、香蕉等。
- 蒙眼布。

⚠ 安全及技术注意事项：

- 将切好的水果放在纸碗或者干净的小盆里。
- 在实验前学生需要先洗手。
- 注意任何过敏现象。
- 确保做这个实验得到了家长的许可。

实验方法：

教师准备工作：

将切好的不同水果放在不同的盆里或纸碗里。

🎓 学生任务：

1. 戴上蒙眼布。

2. 请搭档选一块水果给你（不要让他们告诉你是什么水果）。

3. 捏住鼻子，咀嚼水果（不要吞下去）。

4. 告诉你的搭档你觉得你吃的水果是什么味道，让他们将结果写在表格中。

5. 现在，放开鼻子，将水果吃下去。现在，你觉得是什么味道？让你的搭档将结果写在表格中。

EXPERIMENT 6

数据收集：

水果味道	捏住鼻子时猜测的味道	放开鼻子时猜测的味道

差异化实验：

- 降低难度：学生可以只使用两种水果，并观察他们需要几次能够猜对正确结果。
- 提高难度：学生可以自己开展"味觉与嗅觉"实验，来对本实验进行拓展。例如，他们可以尝试不同口味的饼干、蔬菜等，并观察哪种食物不借助嗅觉最难"尝出来"味道。

备选问题：

- 哪种味道比其他味道更容易辨别？你认为原因是什么？
- 哪种味道比其他味道更难辨别？你认为原因是什么？
- 当你放开鼻子时，水果更容易"尝出来味道"，你认为原因是什么？

拓展任务：

这个实验可以跨学科联系到烹饪课，学生们可以使用味道浓郁的配料进行烹饪或烘焙，例如，香草、草莓或薄荷等。

实验7 接球

学习目标：

研究一下只有一只眼睛，而不是两只眼睛时会产生何种影响。

实验简介：

学生可以先尝试两眼睁开扔球，接球，再将一只眼睛遮住，感受下会有什么不同。

前期知识准备：

学生需要了解五种感觉的名称和作用。

🔍 科学背景知识：

人类的双眼位于头部前方，位置接近，两眼的视野因此会有重叠，我们称之为双眼视觉，这使得我们具有良好的深度视觉，并能够轻松判断出距离。闭上一只眼会使我们失去深度视觉，因而更难判断物体的距离和位置。有些动物具备深度视觉，它们具有两只眼睛，但是视野不会重叠。它们可以单独控制每只眼睛，并接收到不同信息，这使得它们可以同时看向两个不同的方向，它们的视野更加广阔，但是深度视觉更弱了。事实上，大多数捕食者（肉食动物）都具备双眼视觉，它们能够锁定猎物。但是被捕食者往往具备单眼视觉，它们能够提防这些捕食者。

国家课程对接：

■ **一年级课程**：动物，包括人类

——识别、说出、画出并用标签注明动物身体的不同部位，并说出身体的哪一部位与哪种感觉相关联。

所需材料：

■ 软球。

■ 蒙眼布或眼罩。

EXPERIMENT 7

⚠ 安全及技术注意事项：

- 使用软球避免受伤。
- 确保地方足够大，学生可以安全地扔球，最好是在大厅或操场上。
- 学生可能不太情愿蒙眼布挡住一只眼，这时可以使用眼罩。这些可以在实验一开始，由学生们自己制作。
- 要留意并照顾到有视觉问题的学生，如果学生戴眼镜，蒙眼布或眼罩应该放在眼镜下面。

实验方法：

教师准备工作：

选择适宜的实验地点，如果学生们要自己制作蒙眼布的话，准备好材料。

🎓 学生任务：

双眼睁开：

1. 让你的搭档站在离你5步远的地方。
2. 准备好后，让你的搭档扔球给你，尽力去接球。
3. 将你是否接住球记录在结果表中。
4. 重复扔球接球10次。

遮住一只眼：

1. 用蒙眼布或者眼罩遮住一只眼。如果你习惯使用右手，遮住右眼。如果你习惯使用左手，遮住左眼。
2. 让你的搭档站在离你5步远的地方。
3. 准备好后，让你的搭档扔球给你，尽力去接球。
4. 重复扔球接球10次。

📊 数据收集：

实验次数	双眼睁开	遮住一只眼
1		
2		
3		
4		
5		

差异化实验：

- **降低难度**：如果学生接球有困难，可以适当调整两个学生间的距离。
- **提高难度**：学生可以尝试遮住一只眼，看看有什么区别，或只用一只手接球。

备选问题：

- 只用一只眼看接球，比用两只眼更难还是更容易？你认为为什么会是这样的？
- 你觉得遮住左眼或右眼会有差别吗？
- 人类能够判断距离远近，这点为什么会对人类有帮助呢？

拓展任务：

学生们也可以研究一下具备双眼视觉和单眼视觉的动物，并了解它们的作用。

EXPERIMENT 8

实验8 测测你的敏感度

学习目标：
研究我们的皮肤对触摸的敏感度。

实验简介：
学生们可以选择触摸皮肤的两个地方，感受身体不同部位的敏感度。

前期知识准备：
学生们需要了解五种感觉的名称和作用。

科学背景知识：
皮肤是高度敏感的器官。皮肤的中间部位，叫作真皮层，具有能对压力做出反应的触觉感受器。当皮肤受到刺激时，触觉感受器会产生神经冲动，传递给大脑，并做出感应。我们身体上一些部位的皮肤比其他部位更敏感，例如，指尖的皮肤有很多神经末梢，会比胳膊上的皮肤更加敏感，这是因为手指更加敏感有助于我们轻松使用双手。这种通过触摸皮肤两点来感受不同敏感度的做法称为两点辨别感觉法，皮肤的某个部位越敏感，越能够清楚找到两个"触点"，尽管这些触点彼此很接近，身体不同部位的敏感度不同，确定的两个触摸点之间的距离也会不同。

国家课程对接：

■ **一年级课程：** 动物，包括人类

——识别、说出、画出并用标签注明动物身体的不同部位，并说出身体的哪一部位与哪种感觉相关联。

所需材料：

■ 蒙眼布。

■ 拆开的回形针（两端用蓝丁胶粘贴）。

> 实验 8

⚠️ **安全及技术注意事项：**
- 为避免受伤，请勿使用尖头物体。
- 始终让学生处于监督之下。
- 学生在测量已拆开的回形针的距离时，可能需要帮助。
- 只在身体的安全部位进行测试，例如，手心、手背、指尖、下臂、小腿等部位。

实验方法：

教师准备工作：

提前将回形针拆开，两端用蓝丁胶包裹，不要用太多胶或者粘成一个"球"，仅需要遮住尖头即可。

🎓 **学生任务：**

1. 戴上遮眼布。
2. 请你的搭档用拆开的回形针触碰要测试的第一个部位。
3. 请你的搭档缓慢移动回形针的两端使其更加靠近（不要在皮肤上挪动，但可以拿起来，再将它们靠近）。
4. 重复这样做，直到你感觉不到有两个点在触碰你的皮肤而是只有一个点在触碰时，停下来。
5. 请你的搭档保持回形针不动，轻轻从皮肤上拿下来，测量回形针两个点之间的距离，并将结果记录到表格中。如果两个点已经彼此接触到，可以写下"接触到"。
6. 在其他部位重复做同样的测试。

📊 **数据收集：**

身体部位	感觉只有一个回形针尖时的距离
手 背	
手 心	
指 尖	
小 臂	
小 腿	

差异化实验：

- **降低难度**：学生可能需要成年人辅助测量两个回形针尖之间的距离。
- **提高难度**：学生可以进行一系列的实验，来测量是否所有指尖的敏感度都是相同的。

备选问题：
- 你身体的哪个部位是最敏感或最不敏感的？你认为原因是什么？
- 皮肤对触碰敏感，这一点为什么很有用处？
- 除了触觉，我们的皮肤还能探测到什么呢？

拓展任务：
学生可以研究一下盲文，并了解指尖的敏感触觉是如何让人们得以阅读盲文的。

实验9 该出汗了

学习目标：
了解汗水如何帮我们的身体降温。

实验简介：
学生可以在盛有温水的烧杯外面分别裹上干毛巾或者湿毛巾，观察下多久会冷却下来，以此来验证汗水如何使我们保持凉爽。

前期知识准备：
学生们需要了解当我们感觉到热时，身体会出汗。

科学背景知识：
身体内部的理想温度应该是37度，有时我们会变得过热，这时身体需要我们为它降温，这是因为我们的身体依赖各种酶来进行各种活动，而酶只能在非常有限的温度条件下才能发挥作用。例如，锻炼身体会使我们的体温升高，这是因为我们在运动时，通过呼吸，身体会将从食物中获取的能量释放出来，转化为热量。我们在运动时，肌肉需要更多的能量，因此呼吸的频率会加大，也就会释放出更多热量。出汗，是用来保持身体凉爽的一种途径。出汗使我们的体温降低，是因为皮肤表面的水分蒸发会带走体内多余的热量。

国家课程对接：

- **二年级课程：** 动物，包括人类
——了解并描述动物（包括人类）的基本生存需求：水、食物、空气等。
- **四年级课程：** 物质的形态
——结合温度与蒸发速度，认识水循环中的蒸发和冷凝。

EXPERIMENT 9

■ **六年级课程**：动物，包括人类

——认识到饮食、运动、药物及生活方式对身体机能的影响。

所需材料：

- 烧杯或塑料盆。
- 温度计或数据记录仪。
- 棉毛巾。
- 橡皮筋。
- 水。

⚠ **安全及技术注意事项：**

- 学生要在老师的监督下使用热水，本实验不需要使用沸水，热水龙头的水足够用了。
- 确保不要碰倒烧杯，尤其是在烧杯中放置温度计时。
- 学生们在实验中要保持站立，以降低水被溅出的风险。
- 尽量避免使用水银温度计。

实验方法：

教师准备工作：

将棉毛巾剪成小片，使之恰好能包裹住烧杯或塑料盆。

🎓 **学生任务：**

1. 用干毛巾包裹一个烧杯，湿毛巾包裹另一个烧杯，两个烧杯包裹均匀，并用橡皮筋固定。

2. 小心将温水倒入烧杯中。

3. 使用温度计或数据记录仪来记下烧杯的温度，将结果写入下方表格中，将温度计或数据记录仪放入烧杯中。

4. 开始计时。

5. 每隔10分钟记录下烧杯的温度。

6 将结果记入结果表中。

实验 9

📊 数据收集：

时间（分）	水温（℃）	
	干毛巾	湿毛巾
0（起始温度）		
1		
2		
3		
4		
5		

差异化实验：

- **降低难度**：学生们可能感觉每隔一分钟记录温度很难。有的数据记录仪可以自动设置间隔时间来自动获取并记录温度。
- **提高难度**：通过比较湿度不同的毛巾，学生们可以研究下出汗多少是否会有影响。

备选问题：

- 哪个烧杯降温最快？你认为原因是什么？
- 为什么能够出汗对我们非常重要？
- 你认为出汗是如何使我们体温下降的？

拓展任务：

这个实验可以跨学科与体育课联系起来，鼓励学生思考体育课上的哪些活动让他们出汗最多，原因是什么。

EXPERIMENT 10

实验10 食品检测

学习目标：

研究哪些食物含有淀粉和脂肪。

实验简介：

检测哪些食物中含有淀粉，哪些食物中含有脂肪。通过使用碘酒检测食物中是否含有淀粉，使用滤纸来检测食物中是否含有脂肪。

前期知识准备：

学生需要了解食物的几种主要类型的名称。

科学背景知识：

淀粉和脂肪是两种有机化合物。大多数植物性饮食中都含有淀粉，它是一种碳水化合物，例如，小麦、蔬菜、谷物等。脂肪可以呈固体形态（如黄油），也可以是液体形态（如橄榄油）。脂肪存在于很多不同类型的食物当中，尤其是肉类和奶制品中，水果和蔬菜中一般没有脂肪。淀粉可以使用碘酒来检测：将碘酒加在要检测的食物上，如果食物中含有淀粉，碘酒会变成深蓝色或黑色。脂肪可以使用滤纸来检测：将滤纸放在食物上，如果食物中含有脂肪，滤纸就会变透明。尽管这些检测能够表明淀粉和脂肪是否存在，但并不能证明它们的量有多少。

国家课程对接：

- **二年级课程**：动物，包括人类

——描述合理运动、饮食得当及讲究卫生对人类的重要性。

- **三年级课程**：动物，包括人类

——了解动物，包括人类，需要适宜和适量的营养，他们不能自己制造食物，只能靠摄取食物获得营养。

- **六年级课程**：动物，包括人类

——认识到饮食、运动、药物及生活方式对身体机能的影响。

所需材料：

- 用来检测的食物，例如，面包、黄油、巧克力、麦片、水果、蔬菜等。
- 碘溶液。
- 剪成方形或圆形的滤纸。
- 烧杯或塑料盆。

⚠ 安全及技术注意事项：

- 使用碘溶液时，需要注意一点，它有可能会弄脏衣服和皮肤。要确保学生在老师的监督下使用，遵守外包装瓶上的所有安全提示。
- 需要告诉学生不要吃用来做实验的食物。

实验方法：

教师准备工作：

将滤纸剪成用来检测的合适尺寸（大约2平方厘米）。

将用来检测的大块食物切成小块。

🎓 **学生任务：**

1. 选取你想要检测的第一种食物。
2. 取两个烧杯，各将一块这种食物放入烧杯中。
3. 在一个烧杯的食物上滴几滴碘溶液，注意不要沾到手上或衣服上。
4. 在记录表中写下碘溶液的颜色，如果变蓝或变黑，说明食物中含有淀粉。
5. 现在在另一个烧杯的食物上放上滤纸，你可能需要将食物取出来。
6. 将滤纸取出，竖起来对着光，在记录表中写下滤纸是否变透明。如果变透明，就说明食物中含有脂肪。
7. 重复试验，对其他食物进行检测。每次可以将烧杯清洗干净，或者使用一个新烧杯。

EXPERIMENT 10

数据收集：

食物类型	碘酒颜色	食物中含有淀粉吗	滤纸变透明了吗	食物中含有脂肪吗

差异化实验：

- **降低难度**：学生们可能觉得检测不在烧杯中的大块食物更容易些，可以在擦干净的瓷砖上来做检测。
- **提高难度**：学生可以检测蔬菜和水果的不同部位，来研究下是否都含有淀粉。例如，可以检测叶、茎、根部等。

备选问题：

- 哪种食物含有淀粉/脂肪？你是怎么知道的？
- 你对其中的任何结果感到意外吗？
- 为什么说摄入很多不同类型的食物是很重要的呢？

拓展任务：

这个实验可以进一步联系到健康饮食和健康生活方式，学生们可以尝试适量不同类型的食物，制订用餐计划或菜单。

实验11
关于酵母

学习目标：

调查酵母适宜的水温是怎样的。

实验简介：

学生通过测量酵母在不同温度的水中产生的泡沫的高度，来判断酵母喜欢温水还是冷水。

前期知识准备：

完成这项任务，学生不需要任何相关知识。

科学背景知识：

酵母是一种单细胞微生物，属于真菌，它是一种有生命的有机体，依附于某种食物来源而存活。其中，糖是酵母最常见的食物来源，与人类的呼吸行为相似，酵母借助糖进行呼吸。不同之处是，酵母进行的是厌氧呼吸（没有氧气），而不是有氧呼吸（需要氧气）。当酵母呼吸时，产生二氧化碳气体，所以会被用来酿酒或制作面包——产生的二氧化碳气体使面包发酵，使啤酒起泡。跟所有有生命的有机体一样，酵母偏爱某种特定的环境和食物来源。比如，温暖的环境比寒冷的环境更适合，当然，糖也比其他任何食物更适合。

国家课程对接：

■ **二年级课程：**生物及其栖息环境

——了解并对比不同物体或生物体之间的区别，如活物、死物或者无生命体。

■ **六年级课程：**生物及其栖息环境

——描述如何根据常见的可观察到的特点，并基于它们的异同，将生物分成微生物、植物及动物三大类。

EXPERIMENT 11

所需材料：

- 一小包干酵母（最好是活性酵母）。
- 干净的塑料管或塑料量杯。
- 糖。
- 计时器。
- 茶匙。
- 量筒。
- 尺子。
- 水。

⚠ **安全及技术注意事项：**

- 酵母会产生二氧化碳，因此不要将实验放在密闭的容器中进行，因为气体产生的压力可能会导致爆炸。
- 做完实验后应该洗手。

实验方法：

教师准备工作：

提前为学生准备好碗装的酵母和糖。

🎓 **学生任务：**

1. 将一茶匙酵母放入两个量杯中。
2. 将100毫升的冷水加入一个量杯，100毫升的温水加入另一个量杯。
3. 分别将一茶匙糖倒入两个量杯，用茶匙搅拌使其融化。
4. 开始计时，静置量杯两分钟。
5. 观察量杯中发生的变化并记录下来。
6. 两分钟时间到时，使用量尺测量出每个量杯上方的泡沫的高度，将其计入下列结果表中。
7. 重复做两次这个实验，实验之前清洗量杯或者换用新量杯。

数据收集：

量杯中发生的变化：

实验次数	泡沫高度（厘米）	
	温水杯	冷水杯
1		
2		
3		

差异化实验：

- **降低难度**：在测量量杯中泡沫高度时，学生可能需要帮助。
- **提高难度**：学生可以通过系统化的实验对酵母适宜的温度得出一系列的数据，而不只是两组数据。

备选问题：

- 你观察到量杯中发生了什么？
- 酵母适宜的水温是怎样的？你是如何得知的？
- 酵母的用途有哪些？

拓展任务：

教师可以演示将酵母放入沸水中，来表明酵母是没有活性的，因为过高的温度会杀死酵母。学生也可以进一步使用酵母自制面包，可以和设计与技术课进行跨课程实验。

EXPERIMENT 12

实验12 植物生长需要的条件

学习目标：

调查植物需要哪些因素才能健康生长。

实验简介：

通过将植物种子栽培在不同环境中并观察它们的生长状况，来了解植物生长所需的条件。

前期知识准备：

学生需要了解植物是生命有机体，由播种在土壤中的种子或球状茎生发出来。

科学背景知识：

植物生长需要光源、水和二氧化碳以进行光合作用。植物在黑暗中也能发芽（开始生长），是因为此时它们不需要光合作用来自己产生养料，因为在生长初期，生发它们的种子能够供应养料给幼苗。在黑暗中发出的嫩芽通常比在光下生长的嫩芽具有更长的茎部，因为前者要努力生长，朝向光源。不过，黑暗中生长的植物茎部比起生长在光下的健康植物，更为纤弱。没有水，植物会变得很虚弱，容易枯萎，这是因为植物细胞中没有水分，就会变得萎蔫。通常，水会填满细胞中称为"液泡"的空隙，液泡进一步碰撞细胞壁，使细胞变得坚固，植物也更有生命力。温度也会影响到植物的生长状态，大多数植物都喜爱温暖的环境，是因为植物体内的酶需要在特定的温度下才能发挥作用。

国家课程对接：

■ **一年级课程**：植物

——学生能够分辨并描述多种常见开花植物和树木的基本结构。

■ **二年级课程**：植物

——学生能够观察并描述种子和球茎如何成长为成熟的植物。

——学生能够发现并描述为什么植物需要水、光和适宜温度才能健康生长。

■ **三年级课程**：植物

——了解植物生存和生长所需的条件（空气、光照、水分、土壤中的养分和生长空间），以及不同植物的需求有何差别。

所需材料：

- 易生长的植物，如水芹或红花菜豆等。
- 适宜植物生长的容器。
- 堆肥。
- 水。
- 数码相机。

⚠ **安全及技术注意事项：**

- 告诉学生种子不能吃。
- 使用未经杀虫剂处理的种子（在外包装上会有注明）。
- 实验后学生应该洗手。

实验方法：

教师准备工作：

  准备好适宜植物生长的空间，如空橱柜、窗台、暖气片上面或旁边、冷却箱或电冰箱周边等。

  决定实验要素，或者由学生来选择他们想要调查的因素。

🎓 **学生任务：**

  1. 准备好花盆，并放入堆肥，轻轻拍打使其满盆。

  2. 选择种子，可以在花盆上方撒几粒水芹种子，或者将一粒红花菜豆种子放入花盆。将种子轻轻拍入堆肥中，不要让其太往下，只需让堆肥覆盖住即可。

  3. 往每个花盆浇少量水（如果你在研究不浇水对种子的影响的话，就不用浇

EXPERIMENT 12

水了）。

  4. 选择合适的地方放置花盆，给每个花盆贴上标签。

  5. 每天查看，观察变化。

数据收集：

  学生可以每天为花盆拍照或者画出他们所看到的，然后按照"生长时间"来对这些图片排序。

差异化实验：

- **降低难度**：将种子放入盆中时，学生可能需要帮助。
- **提高难度**：学生可以实施更为系统化的实验，例如，将种子放入花盆中，并加大浇水量，来验证植物发芽所需要的水分。

备选问题：

- 植物生长最健康的条件有哪些？为什么？
- 哪种条件最不适宜植物生长？为什么？
- 适宜植物生长的最佳条件有哪些？

拓展任务：

  学生通过这个实验，可以尝试在花园中栽种植物。现在他们了解了需要种植哪种植物，教师可以向他们提出挑战，比如，尝试种出长得最高的向日葵。

实验13 我们周边有哪些植物

学习目标：

了解我们学校周边有哪些植物。

实验简介：

使用取样框，调查学校周围不同植被的分布情况。

前期知识准备：

在完成实验之前，学生并不需要任何相关的知识。

科学背景知识：

取样框，是指可以轻松抛掷出去以划定区域的正方形框，便于抽样调查（如果此法不可行，就换用塑料圈法）。科学家在无法测量某个特定区域内的全部生物时，会采用抽样法。例如，要搞清楚一片雨林中有多少不同种类的树木，如果挨个去数每棵树的话，会耗费大量的时间和资源，因此，他们便随机选择几个特定区域，只测定这个区域内树木的种类和数量，这些区域一般会覆盖调查区域的10%。通过这样的抽样法，科学家推断，在随机选定的区域内的树木也会分布在雨林中的其他区域（以相同的比例），基于此，他们可以进一步推断出调查结果，从而对这片雨林中分布的树木的种类和数量得出大致结论。

国家课程对接：

■ **二年级课程**：生物及其栖息环境

——认识到大多数生物都生活在适宜的环境中，描述不同的栖息环境如何提供各种动植物的基本生存条件，以及它们之间有怎样的相互依存关系。

——辨认各种栖息环境中的动植物，并说出它们的名称，包括微生境（一种对特殊微小生物的特殊生态环境）。

EXPERIMENT 13

- **四年级课程**：生物及其栖息环境

——使用分类体系对生活在某个局部环境和周边环境中的多种生物进行辨认、分类，并指出名称。

- **六年级课程**：进化论及遗传

——了解动植物如何以不同方式适应环境，这种适应性可能导致生物的进化。

所需材料：

- 取样框或塑料圈。
- 植物分类体系。
- 数码相机（可选）。
- 数据记录仪（可选）。

⚠ 安全及技术注意事项：

- 学生不允许在调查的区域内移动任何动物或者植物。
- 学生不要向空中抛掷取样方框或塑料圈，以防受伤。
- 有必要与学生一同使用取样框划定"抽样"区域，帮助他们了解使用取样框的过程以及如何数算方形地块内的植物。
- 某些区域内如果被某种物质大范围覆盖，如草地或土壤，指导学生估计样方地被其覆盖的比例，得出数据，比如，30%等。

实验方法：

教师准备工作：

准备好相关植物分类体系或书籍，选择适合做抽样法的地块。

🎓 学生任务：

1. 选择想用作抽样的地块并轻轻抛掷取样方框（不要太高），使其落在地面上。
2. 如果手头有数码相机，对方形地块的区域进行拍照。
3. 现在计算你的方形地块内有多少种不同的植被，将其写入下方调查表中。
4. 使用数据记录仪，记录方形地块内的光线强度和温度。

数据收集：

学生可以使用数码相机拍下每块方形地块的照片，或者可以将其画出来。

温度：_____ 　　　光线强度：_____

样方地块1	
植物或物质种类	覆盖面积占总面积的百分比（%）

差异化实验：

- **降低难度**：学生可能会觉得将取样方框放置在某些随机区域内更容易得出实验结果，如，一棵树下，或者一片光照区域等。
- **提高难度**：学生可以对每个地块做更多测量，例如，土壤的湿度、土壤的pH数值、风速等。

备选问题：

- 你的样方地里最常见的是哪种植物？
- 你认为不同植物生长在不同区域的原因是什么？
- 你的样方地里，光线强度、温度与生长的植物种类和数量之间有何关联？

拓展任务：

这个实验可以引导学生们调查不同的栖息环境，以及那里分布的植物类型，例如沙漠、雨林、北极地带等。

EXPERIMENT 14

— 实验14 —
刷 牙

学习目标：

了解刷牙的最佳方法。

实验简介：

学生通过使用牙菌斑显示液片表明牙齿上的牙菌斑，来找到最合适的刷牙方法。

前期知识准备：

学生需要了解他们应该养成规律刷牙的习惯来保持口腔清洁，否则，就会长蛀牙。

科学背景知识：

牙菌斑是覆盖在牙齿上的一层薄膜，里面有存留在牙齿上数以百万计的细菌，它们依赖我们所吃食物中的糖分存活。当它们吸收了糖分后，会分泌一种酸性物质腐蚀牙齿的牙釉质，产生蛀牙，清除这层细菌膜的最好方式就是刷牙或者使用牙线剔牙。正常情况下，牙菌斑很容易从牙齿的前面清除掉，因为牙刷可以很轻松地触及这些部位。但是牙缝中间或者牙龈线附近的区域，牙刷很难触及，尤其对于小学生，因为牙刷需要旋转一定角度才行。显示液片可以使牙菌斑着色，使其容易被发现，从而有助于刷牙。当着色剂被清除时，意味着牙菌斑也被清除了。

国家课程对接：

■ **二年级课程：**动物，包括人类

——描述合理运动、饮食得当及讲究卫生对人类的重要性。

■ **四年级课程：**动物，包括人类

——了解人类不同的牙齿类型及其主要功能。

- **六年级课程**：动物，包括人类

——认识到饮食、运动、药物及生活方式对身体机能的影响。

所需材料：

- 牙菌斑显示液片。
- 牙刷。
- 牙膏。
- 水。
- 镜子。
- 水杯——最好是一次性塑料水杯。
- 打印出来的口腔牙齿图片，学生可以在上面做标记。

⚠ 安全及技术注意事项：

- 如果这个实验是要幼童来做，请使用低氟牙膏。
- 尽可能使用塑料镜子。
- 最好让学生在午饭后做实验，因为吃过午饭后，他们牙齿上的牙菌斑数量会增多。
- 实验结束后立刻将水杯中的东西倒入水槽，扔掉水杯。如果不可行的话，确保学生用热水，加上足够多的泡沫洗手。
- 确保学生不公用牙刷，并在实验结束后扔掉。
- 确保得到牙医许可后再进行实验。

实验方法：

教师准备工作：

阅读牙菌斑显示液剂使用说明书，将口腔牙齿图片打印出来，分发给每个学生。

🎓 学生任务：

1. 使用显示液剂使口腔中的牙菌斑着色，教师会告诉你怎样使用它。

2. 使用镜子来观察口腔，你能看到牙菌斑的位置吗？牙齿的哪个部位牙菌斑最多？颜色着色越深，牙菌斑越多。

3. 在你的口腔图片上，将你口中的牙菌斑的位置涂上颜色，牙菌斑多的地方颜色要深些，少的地方颜色要浅些。

4. 在水杯中盛满水，刷牙时把牙刷放入其中，准备另外一个水杯吐水用，用牙

EXPERIMENT 14

膏牙刷来清除牙齿上的牙菌斑。当着色剂消失时，说明牙菌斑已经清除了。

5. 考虑一下你应该以怎样的姿势握住并移动牙刷，你需要以不同的方式在口腔的不同位置移动吗？哪些部位牙菌斑容易清除，哪些部位比较难清除呢？

数据收集：

学生可以在打印出来的口腔牙齿图片上画出牙菌斑的分布位置，最好提供刷牙前后的对比照片。

差异化实验：

- **降低难度**：学生可能需要教师指导如何正确使用刷牙方法。
- **提高难度**：学生可以进行系统性实验，例如，在一天中的不同时刻比较牙菌斑数量的多少。

备选问题：

- 你牙齿的哪个部位牙菌斑最多或最少？你觉得原因是什么？
- 你口腔的哪些部位最难或最容易刷到？
- 刷牙的最佳方法是什么？

拓展任务：

学生可以探索各种方式来保持口腔卫生，例如，刷牙使用牙线，使用漱口水，不吃太多含糖食物等，并制作专为学生设计的健康传单。

实验15

实验15
设计一粒种子

学习目标：

设计一粒容易进行传播的植物种子。

实验简介：

学生设计一粒种子，可以通过风媒、动物或者水媒进行传播。

前期知识准备：

学生需要知道，植物由种子生发出来，并且需要水分、光照和空间得以生长。

科学背景知识：

种子传播是指种子由母体向四周散布的过程，植物将种子由自身分散出去的原因各不相同。首先，如果种子由母体植物分散出去，母体植物便不再需要为了光照、水分和空间彼此竞争。其次，种子分散到四周，也有利于这株植物拥有更大领地，从而更容易存活。再次，种子分散也会降低遭遇虫害和捕食者的风险——后者往往喜欢在某种植物密集的区域觅食。

种子可以以不同的方式传播，最常见的是通过风媒、通过与母体的分离、通过水流传递，或者通过动物的传递——有的是通过附着在动物身上这种外部方式，有的是通过进入动物体内，被动物摄取并分泌出来这种方式。

国家课程对接：

■ **一年级课程：** 植物

——辨别并描述多种常见开花植物和树木的基本结构。

■ **二年级课程：** 植物

——观察并描述种子及球茎如何生长成熟。

EXPERIMENT 15

- **三年级课程**：植物
——探索开花植物的花朵在其生命周期中的作用，包括授粉、种子形成和种子传播阶段。
——描述某些植物或动物繁殖的生命过程。
- **四年级课程**：生物及其栖息环境
——了解生物可以怎样分成不同的类别。
- **六年级课程**：植物
——解释如何根据不同的特征对植物和动物进行分类。

所需材料：

- 选择学生可以用来制作种子的材料，如塑料瓶、纸袋、吸管、橡皮泥、回形针、气球、清管器、厨房卷管等。
- 通过风媒、水分和动物进行传播的种子的照片。

⚠ 安全及技术注意事项：

- 确保任何用来盛装食物的容器已经彻底清理干净。

实验方法：

教师准备工作：

准备好以下材料供学生选择，可以把学生分成人数均等的小组，分别设计适合风媒传播、水媒传播及动物传播的种子，或者让学生自己选择想要设计哪一组。

🎓 学生任务：

1. 设计一颗适合进行风媒传播、动物传播或者水媒传播的种子。

2. 看一下你要设计的种子类型的图片，它们有什么共同点？是什么使得它们适合用这种方法传播？

3. 看一下你所选取的材料，并画一些种子的草图。当你对最后的设计满意时，可以开始着手制作种子。记住，你的种子应该比实际的种子要大很多！

4. 做完时，实验下你设计的种子的传播能力怎么样。

数据收集：

学生可以将自己制作的种子画出来或者拍照片，此外，种子可以进一步"测试"它们的传播能力。例如，可以将风媒传播的种子扔出去或者使其掉落，将水媒传播的种子放在水面上观察它如何漂浮，或将动物传播的种子粘在某块粗布上，如一件套头毛衣上，观察下种子是否能像"附着"在经过的动物身上一样，"附着"在毛衣上面。

差异化实验：

- **降低难度**：学生可以小组协作完成实验。
- **提高难度**：学生可以制作多粒种子，来测试下哪个是最适合通过某种媒介进行传播的设计。

备选问题：

- 你所设计的种子应该具备怎样的特点才能传播出去？
- 你认为植物为什么要将它们的种子尽可能远地散布出去？
- 如果植物种子不散布出去的话，结果会怎样？

拓展任务：

　　学生可以探索其他种子传播的方式——如，种子爆裂出来，像豌豆荚一样；或者某些水果通过种子进入动物体内进行传播，如西红柿。

EXPERIMENT 16

── 实验16 ──
找出叶孔

学习目标：

观察树叶上的气孔。

实验简介：

学生可以将无色指甲油涂在不同的叶片表面，待指甲油干燥后将其从叶子上剥离下来，并用放大镜观察上面的叶孔脉络。

前期知识准备：

学生需要了解植物通过光合作用来产生养分。

科学背景知识：

植物通过光合作用来产生自身所需的养分，光合作用进行的一个前提是二氧化碳——植物从空气中摄取的一种气体，二氧化碳通过植物叶片下面的被称为气孔的小孔进入植物体内。这些气孔由保卫细胞环绕，来控制气孔的张开闭合。气孔不能始终处于张开状态，因为水分会通过蒸发而流失。因此，气孔通常在白天是张开的，植物可以进行光合作用；在晚上则是闭合的，晚上植物不进行光合作用，不同的植物具有不同数量和大小的气孔。

国家课程对接：

■ **二年级课程：** 植物

——了解并描述植物为什么需要水分、光照以及适宜温度才能生长和保持健康。

■ **三年级课程：** 植物

——找出并描述开花植物不同部位的功能，如，根部、茎部/树干、树叶和花朵。

——了解植物生存和生长所需的条件（空气、光照、水分、土壤中的养分和生长空间），以及不同植物的需求有何差别。

所需材料：
- 收集不同植物和树木的叶子，可以由教师提供，也可以由学生自己在学校里收集。
- 无色指甲油。
- 显微镜或倍数大的放大镜。
- 吹风机（可选）。

⚠ **安全及技术注意事项：**
- 指甲油是可燃性的，因此要远离任何明火。如果实验场地不适宜使用指甲油，可以使用水性漆来代替。
- 告诉学生不能"嗅"指甲油的味道。
- 学生试验结束后应该洗手。
- 应当由成年人操作吹风机或者由学生在成年人的监督下使用吹风机。

实验方法：

教师准备工作：

如果由教师提供实验用的叶子，应该提供多种不同植物的叶子，或者，由学生自己收集他们想要测试的叶子。如果可能的话，尽量在实验前一天将叶子清洗一下，去掉上面的灰尘，确保在实验开始时叶子表面是干燥的。

🎓 **学生任务：**

1. 选取你想要测试的第一片叶子。
2. 在叶子的底部（不是表面）涂上薄薄的一层无色指甲油，等待指甲油干燥，或者由老师使用吹风机将其吹干。
3. 当指甲油干燥后，轻轻将其从叶子上剥下来，你可能需要成年人的协助来完成。
4. 将剥离下来的指甲油放到显微镜下，或使用放大镜来观察。
5. 观察下是否能够找出气孔（它们看上去就是小小的圆圈）。
6. 如果你看到了气孔，数一下有多少个，并写入结果表中。
7. 重复上述步骤，这次将指甲油涂在叶子表面上（有光泽的那一面）。
8. 现在对其他叶子也进行同样的实验。

EXPERIMENT 16

📋 **数据收集：**

画出叶子的形状	叶子底部气孔数量	叶子表面气孔数量

差异化实验：

- **降低难度：** 可以使用放大镜或者观测仪来观察从叶子上剥离下来的指甲油。
- **提高难度：** 可以使用显微镜来观察指甲油，但是教师可能需要帮助学生调焦。

备选问题：

- 叶子的哪一面气孔最多？表面还是底部？你认为原因是什么？
- 哪片叶子气孔最多？你认为原因是什么？
- 哪片叶子气孔最少？你认为原因是什么？

拓展任务：

　　教师可以使用水杯展示一种水生植物，如水池草，它释放出的气体（氧气）气泡肉眼可以观察到，进而发现水池草上面的气孔。

实验17

实验17
咀嚼食物

学习目标：

了解咀嚼对食物的作用。

实验简介：

学生通过观察食物咀嚼前后的变化，了解咀嚼对不同种类食物的作用。

前期知识准备：

学生需要了解牙齿在咀嚼食物过程中的作用。

科学背景知识：

咀嚼是消化过程的第一步，发挥着多重作用。第一，牙齿将食物机械化地分解为小碎块，使其容易吞咽。第二，唾液使食物湿润并形成"球状"，使其容易吞咽。唾液中含酶，使淀粉分解为糖分，所以当咀嚼一种淀粉类食物，比如面包时，时间久了就会尝到甜味。咀嚼的过程也会提醒胃部，食物马上就要吞咽了，使胃部做好下一步的消化准备。人类不同的牙齿发挥不同的作用：切牙用来咬食物，犬齿用来撕裂食物，磨牙用来磨碎食物。

国家课程对接：

■ **二年级课程**：动物，包括人类

——了解并描述动物（包括人类）的基本生存需求：水、食物、空气等。

■ **四年级课程**：动物，包括人类

——描述人类消化系统的基本构造及其基本功能。

——了解人类牙齿的不同类型及其基本功能。

■ **六年级课程**：动物，包括人类

——描述动物，包括人类体内的养分和水分是如何输送的。

EXPERIMENT 17

所需材料：

- 选择不同种类的食物供学生咀嚼，包括干面包、干饼干、切块鲜水果蔬菜及罐装水果。
- 若干碗或纸碗。

⚠ **安全及技术注意事项：**

- 确保学生吃食物的区域是干净的。
- 学生在实验前后需要洗手。
- 注意任何过敏现象。
- 学生在每次咀嚼一种食物之前最好喝一小口水。

实验方法：

教师准备工作：

准备食物：将其切成小块、一口大小的块状，放入碗中或者纸巾上。

🎓 **学生任务：**

1. 选择一块干面包，仔细观察，面包看上去怎么样？感觉怎么样？将你的观察写入下面的结果表中。

2. 慢慢咀嚼面包片（不要一下子吞下去），你感觉到发生了什么？面包尝起来是什么味道？将面包保持在口腔中越久越好，你可能会感觉到面包已经尝起来有甜味了，这是因为口腔中的酶已经将面包中的淀粉分解为糖分了。

3. 现在选择一块干饼干，用同样的方式处理，将你的观察写入结果表中。

4. 现在选择其他食物，用同样的方式来处理。

📊 **数据收集：**

食物	咀嚼之前的观察结果	咀嚼过程中的观察结果

差异化实验：

- **降低难度：** 可以给学生们提供一个"词汇库"，帮助学生用来描述食物在咀嚼前、咀嚼中或者咀嚼后的状态。

- **提高难度**：学生可以咀嚼不同种类的淀粉类食物，对其进行系统化的实验，例如，不同种类的面包、饼干、面包棒等，观察下需要咀嚼多长时间才开始感觉到甜味。

备选问题：

- 在咀嚼食物时，不同食物有哪些相似之处？
- 在咀嚼食物时，不同食物有哪些不同之处？
- 你认为咀嚼食物对我们很重要的原因是什么？

拓展任务：

学生可以学习不同动物的下颌和牙齿，如食草动物和食肉动物等，并将其与他们所摄取的食物联系起来。

EXPERIMENT 18

实验18 绿色的虫子

学习目标：

了解动物的伪装是如何帮助他们生存的。

实验简介：

学生通过观察一块地上有多少不同颜色的"虫子"来了解伪装对昆虫生存的作用。

前期知识准备：

学生需要了解伪装是什么，以及有些动物可以伪装自己。

科学背景知识：

伪装是某些植物或动物具备的一种适应性，它使得生物可以融入环境（例如，生活在热带草原中的狮子），或者使得生物可以相互交融（比如一群斑马）。这样会使得捕食者更难发现猎物，意味着动物有更大的机会可以生存下来。伪装是进化的结果，物种在几百万年的时间里不断适应环境并进化，从而让自己对生存环境的适应能力变得更强。因为进化是一个漫长的过程，环境中的任何重大改变，对于生存在其中的生物来说，都会产生致命性的影响，如果它们不能够尽快适应新环境的话。

国家课程对接：

■ **二年级课程**：生物及其栖息环境

——认识到大多数生物都生活在适宜的环境中，描述不同的栖息环境如何提供各种动植物的基本生存条件，以及它们之间有怎样的相互依存关系。

■ **四年级课程**：生物及其栖息环境

——认识到环境是会发生变化的，有些变化会给生物带来威胁。

实验18

- **六年级课程**：进化及遗传
——认识到动物和植物怎样以不同的方式适应所在的环境，以及适应性是如何导致进化的。

所需材料：

- 染成四种不同颜色的牙签：绿色、棕色、红色和蓝色。
- 计时器。
- 镊子。

⚠ **安全及技术注意事项：**

- 学生只能使用镊子来夹起"虫子"，以避免受伤。
- 学生在实验进行时应当坐下。
- 实验后应当洗手。

实验方法：

教师准备工作：

准备好牙签，把虫子涂成四种颜色。给每组学生每种20只"虫子"，把它们放到一个盆中使其混合，选择一个适合进行实验的地点。

🎓 **学生任务：**

1. 将虫子分散到草地上。
2. 坐在"虫子"旁边，把放有虫子的盆放到自己旁边的草地上。
3. 搭档告诉你开始实验时，开始用镊子收集你能看到的虫子，把它们放进盆中。
4. 请搭档为你计时30秒，他们告诉你结束时你要停下来。
5. 数一下不同颜色的虫子你分别收集了多少，将其计入下列结果表。
6. 重复这个实验，这次将不同颜色的虫子们放到裸露的土壤上。

数据收集：

虫子颜色	收集到的虫子数目	
	草地上	土壤上
绿 色		
棕 色		
红 色		
蓝 色		

EXPERIMENT 18

差异化实验：

- **降低难度**：有的同学可能感觉使用镊子有难度，他们可以将不同颜色的细管切成小段来代替"虫子"，然后用手来捡拾。
- **提高难度**：学生们可以选用多种不同外观的虫子，例如，可以选择带图案的外观或者多种颜色的外观，来观察其效果如何。

备选问题：

- 哪种颜色的虫子最容易/最难在草地上发现？你认为原因是什么？
- 哪种颜色的虫子最容易/最难在土壤上发现？你认为原因是什么？
- 你认为红色或蓝色的虫子如果生活在草地上，将会发生什么？

拓展任务：

这个实验跟艺术课可以进行跨学科实验，学生可以设计并描绘出某种生活在学校某个区域内善用伪装的动物。

实验19
我们有多么不同

学习目标：

了解学生之间的差异。

实验简介：

学生通过发起全班性的调查，来探讨班级中的学生身上存在的差异情况，比如，可以测量每个人的身高、鞋码、眼睛颜色等。

前期知识准备：

完成这个实验之前，学生不需要任何相关知识，但是学生需要能够使用简易的测量工具，如卷尺等。

科学背景知识：

所有的生物都可以分成不同的类别和子类别。例如，人类从属于动物界，哺乳动物的一个亚纲。分类表中最小的一项为"种"，人类的种类名称为"智人（或人类）"。同一物种的所有成员都有很大的相似性，看上去也非常相似。然而，它们并不相同。不同种之间也会有多样性，这是由遗传和环境因素导致的。例如，人类从父母那里继承影响身高体重的基因，但是我们在幼年时期的饮食习惯也会对身高和体重产生影响。差异化对物种是有益的，对于野生动物来说，这意味着基因库中拥有更多的基因，有利的基因会遗传给下一代。

国家课程对接：

■ **一年级课程：** 动物，包括人类

——识别、说出、画出并用标签注明动物身体的不同部位，并说出身体的哪一部位与哪种感觉相关联。

EXPERIMENT 19

- **五年级课程**：动物，包括人类

——描述人类进入老年阶段时的变化。

- **六年级课程**：进化和遗传

——了解生物会繁殖出相同的后代，但通常情况下，后代会体现出差异化，与他们的父母并不完全相同。

所需材料：

- 一系列的测量工具，如卷尺、绳子、量尺、弯脚规等。

⚠ 安全及技术注意事项：

- 注意观察学生的情绪反应，例如，不要测量班里所有同学的身高，谈及遗传性因素时，也要留意被收养学生的感受。

实验方法：

教师准备工作：

与学生讨论，确定将要进行调查的班级差异化因素。学生可以测试相同的因素，或者不同小组调查不同的因素，最后对结果进行汇总。一些比较好的差异化因素包括头发颜色、眼睛颜色、身高、鞋码、手跨度、步幅、头围、食指长度、是否能够卷舌、耳垂连生或离生、习惯使用右手或左手等。

🎓 学生任务：

1. 制作一个表格，列出你要进行调查的所有多样性因素，确保这些因素足够多样性，能够涵盖到班里的每位同学。
2. 决定你想要调查的多样性因素。
3. 开始调查，对某些要调查的差异化因素，你可能需要使用测量工具。
4. 收集数据时，将其写入你的调查结果表中。

📊 数据收集：

学生可以自己设计自己的表格，列明他们要调查的差异化因素。在开始之前，确定他们制作的表格是正确的。

差异化实验：

- **降低难度**：学生们可以独立完成实验。例如，可以围着他们的脚或手画线、在他们的自画像中加上颜色、在成人帮助下测量大家的身高，这些图片和结果会随后放在班里展示。

- **提高难度：** 可以鼓励学生调查某种很难测量的差异，例如，食指指甲的宽度。

备选问题：

- 哪种差异最大或最小？你认为原因是什么？
- 你的发现有没有让你感到很惊讶的？
- 你认为班级里为什么会有这么多不同的地方？

拓展任务：

学生可以调查其他物种的差异化，例如猫、狗或甲虫等。可以使用某一物种不同成员的图片来进行类似的实验，或者自己进一步设计新的分类条目。

EXPERIMENT 20

实验20
多彩的康乃馨

学习目标：

了解水分是如何在植物体内运输的。

实验简介：

学生使用康乃馨和食用色素来研究水分在植物体内是如何运输的，可以将康乃馨放入被食用色素染色的水中，观察随后发生的现象。

前期知识准备：

学生需要了解植物的生长和存活需要水分的供应。

科学背景知识：

植物通过它们的根部来吸收水分，然后通过称为木质部的茎部的导管在植物体内向上运输。水分能够反重力沿着茎部向上运输的原因可以归结为两个：蒸腾作用和毛细作用。植物体内的水分可以通过叶片上的气孔流失（即蒸发），少量水分可以通过植物的叶子离开植物体，这一水分通过植物叶片流失的过程称为蒸腾作用。当植物叶片蒸发水分时，水分也会通过根部进行摄取，并通过茎秆进行传送，有点类似于吸管的工作原理，我们称之为毛细作用。水分可以轻易在植物体内向上运输是因为导管非常细，一旦水分沿着茎秆向上运输，就会接着传送到植物的其他部位，包括叶子和花朵。

国家课程对接：

■ **一年级课程：** 植物

——识别并描述多种常见开花植物和树木的基本构造。

■ **五年级课程：** 植物

——了解并描述植物为什么需要水分、光照以及适宜温度才能生长和保持健康。

实验20

- **三年级课程：植物**

——了解植物体内的水分是通过什么方式运输的。

所需材料：
- 白色康乃馨。
- 食用色素。
- 透明烧杯。
- 水。
- 刀。
- 数码相机（可选）。

⚠ **安全及技术注意事项：**
- 修剪水下的茎秆，使每朵花都有新鲜切口吸收水分，从而延长花期。
- 确保量杯足够高，将康乃馨放入时可以保持直立。
- 只允许成人对康乃馨的花茎进行处理。
- 要想完全观察到实验现象大概需要24小时的时间，最好在一天的傍晚开始实验，在第二天再次观察康乃馨的状况。

实验方法：

教师准备工作：

每个小组或学生，将康乃馨的花茎截为两段，一段放入一个烧杯中，另一半放入另一个烧杯，切口处尽量靠近花朵。

🎓 **学生任务：**

1. 准备四个烧杯，每杯都盛上水。
2. 两个烧杯中分别滴入10滴食用色素，另两个烧杯盛装普通水。
3. 将一枝康乃馨放入普通水的烧杯，另一只放入滴有食用色素的烧杯。
4. 将花茎的下半部分纵向截开，一半的花茎放入普通水的烧杯中，另一半放入滴有食用色素的烧杯中，将两只烧杯靠近摆放，避免折断花茎。
5. 预测下几小时后康乃馨会发生的变化，你认为看上去会是怎样的？

数据收集：

学生可以将观察到的康乃馨画出来或者染上颜色，或者在实验前后进行拍照。

EXPERIMENT 20

差异化实验：
- **降低难度**：教师可以帮助学生准备好康乃馨。
- **提高难度**：学生可以准备一系列不同颜色的水，颜色由深到浅，然后观察发生的现象。

备选问题：
- 你认为康乃馨会发生什么变化？你认为原因是什么？
- 你实验的康乃馨发生了什么变化？你认为这是为什么？
- 这个实验表明了水分是怎样在植物体内运输的？

拓展任务：
　　学生们可以调查有害的污染怎样通过水分被植物吸收（比如实验中加了食用色素的水），如何避免这一问题，例如避免使用杀虫剂。

实验21 流动的水

学习目标：

了解"水分"是如何"进出"蔬菜的。

实验简介：

将胡萝卜块和芹菜块放入水中和盐水溶液中，观察会发生什么。

前期知识准备：

完成这个实验，学生不需要任何相关知识。

科学背景知识：

这个实验背后的科学道理是渗透作用，渗透作用指的是水分透过半透膜从溶解物低浓度的溶液向溶解物高浓度的溶液移动的过程。渗透作用的进行需要两种不同浓度的溶液，并且有半透膜隔开。例如，如果将盐加入水中，与不加盐的水相比，盐水中水分子的浓度就会降低。在本实验中，胡萝卜块和芹菜块分别被放入盐水和普通水中，半透膜即为胡萝卜和芹菜的表皮细胞，水分子的流动方向取决于胡萝卜和芹菜里面的水与烧杯中的水哪个浓度更高。如果烧杯中的水比胡萝卜或芹菜中的水含有更多的溶液，水分就会从胡萝卜或芹菜流入烧杯，胡萝卜或芹菜就会变得皱缩。如果胡萝卜或芹菜中的水比烧杯中的水还有更高的溶液，水分就会从烧杯流入胡萝卜或芹菜内部，使之变得膨胀。植物通过渗透作用从土壤中摄取水分，植物根部的水分比土壤中的水分浓度更高，使得水分从土壤流入植物根部。

国家课程对接：

■ **一年级课程**：植物

——识别并描述多种常见开花植物及树木的基本构造。

EXPERIMENT 21

■ **二年级课程**：植物

——了解并描述植物为什么需要水分、光照以及适宜温度才能健康生长。

■ **三年级课程**：植物

——识别并描述开花植物不同部位的不同功能：根部、茎部、叶子及花朵。

——了解植物体内的水分是通过什么方式运输的。

所需材料：

- 胡萝卜。
- 温水。
- 天平。
- 芹菜。
- 盐。
- 小刀。
- 烧杯。
- 茶匙。
- 标签。

⚠ **安全及技术注意事项：**

- 应告知学生不要吃胡萝卜或者芹菜块。
- 这个实验所使用的水不需要煮沸，热水龙头的水温足够。
- 这个实验需要花费几天的时间，最好周一开始，周五结束。

实验方法：

教师准备工作：

将胡萝卜或芹菜切成小块（大约2厘米），如果学生自己完成不了，由老师帮忙完成。

学生任务：

1. 你需要两块胡萝卜，两块芹菜，四个烧杯。

2. 将烧杯盛满热水龙头的水。

3. 加几茶匙的盐到两个烧杯中，搅拌使其溶解，在两个烧杯标签上注明"盐水"，另两个烧杯标签注明"普通水"。

4. 使用天平为胡萝卜和芹菜块称重，将其质量计入结果表，将胡萝卜和芹菜的样子画出来并做一下简单描述。

5. 将一块胡萝卜放入盐水烧杯中，另一块放入普通水烧杯中。

6. 将一块芹菜放入盐水烧杯中，另一块放入普通水烧杯中。

7. 将烧杯放入安全地点，每天观察，最后一天再次称重胡萝卜和芹菜，并将结果计入结果表，再次将胡萝卜和芹菜的样子画出来并简单描述。

数据收集：

蔬菜	实验结果		
	之前	之后	
		普通水	盐水
胡萝卜	质量：	质量：	质量：
芹菜	质量：	质量：	质量：

差异化实验：

- **降低难度：** 学生可能需要老师协助来称重胡萝卜和芹菜。
- **提高难度：** 实验结束时，学生可以将胡萝卜或芹菜块放入相反量杯中，看下实验结果会不会反转，之前要先将胡萝卜或芹菜上的盐分洗干净。

备选问题：

- 你认为胡萝卜或芹菜为什么会皱缩？
- 你认为胡萝卜或芹菜为什么会膨胀？
- 水可以"流动"的这个事实对植物有怎样的帮助？

拓展任务：

这个实验可以联系到植物，以及植物的根部如何从土壤吸收水分。

EXPERIMENT 22

— 实验22 —
鸟 喙

学习目标：

了解不同形状的鸟喙是如何适应不同食物的。

实验简介：

学生通过找到获取不同类型食物的最佳鸟喙形状来研究适应性。

前期知识准备：

完成这个实验，学生不需要任何前期相关知识。

🔍 科学背景知识：

所有生物对其生存的环境都具有适应性，这是数百万年进化的结果。对于鸟类来说，这种适应性包括具备最佳形状的鸟喙可以获取它们赖以为生的食物，鸟类可以取用许多不同种类的食物，包括各种虫子、昆虫、种子、坚果和水果等。大多数鸟类因为它们特别的鸟喙形状，只能获取少数种类的食物，例如，能够啄出向日葵种子的鸟类很可能具有小而尖的鸟喙，可以啄出每个种子，能够进食坚果的鸟类则需要更大更圆的鸟喙。

国家课程对接：

- **一年级课程：** 动物，包括人类

——描述并对比各种常见动物的构造，如鱼类、两栖动物类、爬行动物类、鸟类、哺乳动物类等。

- **二年级课程：** 生物及其栖息环境

——认识到大多数生物都生活在适宜的环境中，描述不同的栖息环境如何提供各种动植物的基本生存条件，以及它们之间有怎样的相互依存关系。

——采用简单食物链的方式描述动物如何从植物及其他动物处获取食物，并辨

别及说出不同的食物来源。

- **三年级课程**：动物，包括人类

——了解动物，包括人类，需要适宜和适量的营养，他们不能自己制造食物，只能靠摄取食物获得营养。

- **四年级课程**：生物及其栖息环境

——认识到环境是会发生变化的，有些变化会给生物带来威胁。

- **六年级课程**：进化及遗传

——了解动植物如何以不同方式适应环境，这种适应性可能导致生物的进化。

所需材料：

- 选择某些种类的"鸟喙"，例如茶匙、吸管、镊子、大衣服挂钩、筷子（最好是儿童使用的上端连在一起的筷子），以及有胶带包裹的棒棒糖（黏性一面朝外）。
- 选择一些"鸟食"，例如，煮熟切碎的意大利面、切碎的干意大利面、鸟食、坚果——大的、小的、葡萄干、生大米、生意大利面等。

⚠ 安全及技术注意事项：

- 告诉学生不要吃其中的任何食物。

实验方法：

教师准备工作：

准备好"鸟喙"和"鸟食"，将不同的鸟食放到每张桌子的中间，给每个学生的桌子上准备不同种类的鸟喙，演示下怎样使用不同的鸟喙以便学生知道怎样使用它们。

🎓 **学生任务：**

1. 确保你知道怎样使用你的鸟喙。

2. 当教师告诉你开始时，收集尽可能多的鸟食，你会发现有些鸟食更容易获取。

3. 当老师告诉你要停下来时，就停止。

EXPERIMENT 22

4. 数一下你用自己的鸟喙收集了多少种鸟食。

数据收集：

鸟食种类	收集的数量

差异化实验：

- **降低难度：** 学生们如果发现使用筷子和镊子比较困难的话，可以不用，或者由成年人扮演成"鸟"的角色，代为使用。
- **提高难度：** 可以将鸟食放到不同的容器中以提高难度，例如，可以将种子放在小型塑料瓶中，只有小型鸟喙才能抓取到。

备选问题：

- 使用鸟喙时，哪种食物最容易/最难抓取？你认为原因是什么？
- 你认为鸟类为什么会有不同类型的鸟喙？
- 哪些其他因素还会影响到鸟类可以摄取的食物类型？

拓展任务：

学生可以调查具有不同形状鸟喙的鸟类的具体例子，他们可以找出鸟类吃什么食物，以及为什么这样的鸟喙适应力最好。

实验23 发霉的面包

学习目标：

找出面包发霉的最适宜条件。

实验简介：

学生通过将面包放置在潮湿、干燥、寒冷或温暖的环境中，来研究适合面包霉菌生长的条件有哪些。

前期知识准备：

学生需要了解如果将食物放在不适宜的环境中，食物会"变质"，如果食物变质的话，就不能食用了。

科学背景知识：

霉菌是菌类的一种，菌类不隶属于植物或动物，是单独的一种生物界，分为两个类别：单细胞菌类（如酵母）和多细胞菌类（如蘑菇）。菌类不含叶绿素，不能通过光合作用自己制造食物，它们通过分解有机物的方式获取养分。因为菌类是生命有机体，他们需要特定的条件才能生存。菌类需要水分、适宜的温度（一般是温暖而不过热的温度）并且需要氧气的供应，如果这些条件不具备，菌类就不能生存和繁殖。并不是所有的菌类都是有害的，有的菌类还能生产药物，例如，盘尼西林（青霉素）。

国家课程对接：

■ **二年级课程**：生物及其栖息环境

——了解并对比不同物体或生物体之间的区别，如活物、死物或者无生命体。

■ **二年级课程**：动物，包括人类

——描述合理运动、饮食得当及讲究卫生对人类的重要性。

EXPERIMENT 23

- **四年级课程**：生物及其栖息环境
——了解生物可以以多种方式进行分类。
- **六年级课程**：生物及其栖息环境
——描述如何根据常见的可观察到的特点，并基于它们的异同，将生物分成微生物、植物及动物三大类。

所需材料：

- 几块白面包。
- 拉链袋。
- 透明胶带。
- 标签。
- 水。
- 1平方厘米见方的醋酸板（可选）。

⚠ 安全及技术注意事项：

- 一旦试验完成，立刻处理掉发霉的面包，任何时间地点都不要打开拉链袋。
- 最好在一周之初开始实验，这样学生可以在这一周的每一天对面包进行观察。

实验方法：

教师准备工作：

寻找适宜的低温环境来存放面包进行试验，如电冰箱、冷却箱等，非常适宜。如果使用同时存放食物的电冰箱，将所有的拉链袋放进一个大塑料袋中，上面贴上明显的标签注明"不能食用"。

🎓 学生任务：

1. 你需要4块面包和4个拉链袋，将一块面包放进一个拉链袋，合上拉链，封口处再贴上一层透明胶带，双层保护。

2. 在拉链袋上贴上标签注明"干面包，温暖环境"。

3. 将另一块面包放进拉链袋，合上拉链，封口处再贴一层胶带。

4. 在拉链袋上贴上标签注明"干面包，低温环境"。

5. 现在，在另两块面包上洒几滴水。不要把面包全部弄湿，只需轻微有些潮湿即可。

6. 将其中一块面包放进拉链袋，合上拉链，封口处贴胶带。

7. 在拉链袋上贴上标签注明"潮湿面包，低温环境"。

8. 将最后一块面包放进拉链袋，合上拉链，封口处贴胶带。

9. 在拉链袋上贴上标签注明"潮湿面包，温暖环境"。

10. 将贴有"温暖环境"的两个拉链袋放在温暖的地方，比如，可以靠近暖气片（但是不要把它们放在暖气片上）。

11. 将贴有"低温环境"的两个拉链袋放在低温的地方，比如，放在电冰箱或者冷却袋中。

12. 每天观察面包片发生的变化。

数据收集：

学生可以每天对面包片进行拍照或者将其画出来，或者基于观察做详细记录。学生可以使用放大镜仔细观察面包，但是不允许打开拉链袋，面包上长出的霉菌数量可以使用1平方厘米的醋酸板进行测量。

差异化实验：

- **降低难度**：学生可以按照面包片上长出的霉菌数量进行简单排序，而不是测量霉菌的总数。
- **提高难度**：学生可以进行更加系统化的实验，例如，在面包上加上不同数量的水时，观察霉菌生长的不同。

备选问题：

- 哪些条件最适宜/最不适宜霉菌的生长？你认为原因是什么？
- 面包上的霉菌看起来是什么样子的？
- 我们怎么做才能防止面包发霉变质？

拓展任务：

学生们可以调查菌类的用途，例如，了解用来制作某些奶酪或干香肠的菌类。

EXPERIMENT 24

实验24
种子发芽

学习目标：

了解种子会在什么样的物体表面上发芽。

实验简介：

当把种子放置在不同环境中时，学生调查种子是否会发出芽来。

前期知识准备：

学生需要了解植物是由种子生发出来的，并且需要依附某种载体才能生长。

科学背景知识：

种子萌发是植物生长的第一步，它始于植物首先从种子里萌发，到幼芽消耗掉种子储存的营养物质，并且需要通过光合作用自己制造食物为止。种子可以在多种不同的表层发芽，而不只限于堆肥或土壤表层，这是因为这一生长阶段的营养需求基本由种子的自身存储来满足。植物不需要吸收任何的矿物质，而且幼小的嫩芽也不需要根须"固定"在某种物体上防止倾倒。然而，种子的确需要水分，这意味着只要种子是潮湿的，并且能够接触水，就可以在多数的物体表层发芽。

国家课程对接：

■ **一年级课程**：植物

——分辨并描述多种常见开花植物和树木的基本结构。

■ **二年级课程**：植物

——观察并描述种子及球茎是如何生长成熟的。

■ **三年级课程**：植物

——了解植物生存和生长所需的条件（空气、光照、水分、土壤中的养分和生长空间），以及不同植物的需求有何差别。

所需材料：

- 容易成长的植物，如水芹或芥末等。
- 多种可供种子生长的不同介质，如堆肥、纸巾、棉絮、木片、木屑、报纸、用过的茶叶袋以及沙砾等。
- 培养皿或人造黄油桶盖。
- 水。

⚠ 安全及技术注意事项：

- 学生需要在实验结束后洗手。

实验方法：

教师准备工作：

将生长介质准备好供学生使用，将其中的吸水性介质用水打湿，例如棉絮。你也可以将这部分用作实验的一部分，交给学生来做，选择适宜的地点放置种子。

🎓 学生任务：

1. 将实验用的生长介质倒入培养皿和人造黄油桶盖。
2. 在生长介质上洒适量种子，如果生长介质过于干燥，可以轻洒一些水在上面。
3. 将种子放在安全的地方，每天查看发生的变化，随时给种子浇水。

数据收集：

学生可以将种子发芽的过程进行拍照，并使用照片作为种子成长的记录。要跟学生强调说明，他们不是要看多少种子会发芽（因为在这个实验里，这不是个控制变量），而是它们发芽的程度，比如，有多快？有多高？

差异化实验：

- **降低难度**：可以将这个实验扩展到全班来做，每个小组选择一种生长介质。
- **提高难度**：学生可以进行更细节化的、更公平的测试，设置更多可控变量，例如，种子的数量、水分的多少等。

备选问题：

- 植物在哪些生长介质上生长良好？你认为原因是什么？
- 植物在哪些生长介质上状况不良？你认为原因是什么？

EXPERIMENT 24

- 你认为我们为什么通常会把植物栽种在堆肥或土壤上？

拓展任务：

　　学生可以继续让种子生长，来观察最初的生长介质对最终植物的生长有什么影响。

实验25

实验25
肥 料

学习目标：

了解施肥对植物的影响。

实验简介：

通过对植物进行施肥或者不施肥，了解肥料对植物生长的影响。

前期知识准备：

学生需要了解植物生长的基本需求。

🔍 科学背景知识：

植物是生命体，其存活和生长需要某些特定的条件，它们需要水分、二氧化碳、适宜的温度及某种生长介质，也需要某些矿物质得以健康成长或得以存活。通常土壤中会含有这些矿物质，并且当植物死去时，会再次循环到土壤中。植物需要的最常见的矿物质有氮、磷、钾、镁，现在市面上可以买到的"植物养分"通常包含一些或全部的矿物质。需要跟学生强调的是，化肥并不是真正的"植物养分"，因为植物会通过光合作用自己制造养分，而且，这是植物健康生长所需的额外的营养。如果植物缺乏矿物质，就会发育不良，叶子褪色或发黄。

国家课程对接：

■ **一年级课程**：植物

——识别并描述多种常见开花植物和树木的基本构造。

■ **二年级课程**：植物

——观察并描述种子及球状茎如何生长成熟。

——了解并描述植物为什么需要水分、光照以及适宜温度才能生长和保持健康。

EXPERIMENT 25

■ **三年级课程：植物**

——了解植物生存和生长所需的条件（空气、光照、水分、土壤中的养分和生长空间），以及不同植物的需求有何差别。

所需材料：

- 生长快速的植物——小萝卜尤其适合本实验。
- 植物生长需要的花盆。
- 肥料。
- 水。
- 商用液体植物养料，如幼苗营养液（Baby Bio）品牌。

⚠ **安全及技术注意事项：**

- 学生应在教师监督下施用肥料。
- 使用液体的、家用植物肥料，如幼苗营养液（Baby Bio）。
- 学生实验后要洗手。

实验方法：

教师准备工作：

根据说明书使用植物肥料，一批按照说明书推荐的用肥量，一批用量减半。

🎓 **学生任务：**

1. 准备三盆植物，一盆不施肥，一盆按照一半的用肥量施肥，一盆按照规定量施肥。

2. 种下种子。考虑要使用多少肥料和水，尽量做到公平测试。

3. 一盆贴上标签"没有肥料"，不要给这盆施加任何肥料。

4. 第二盆贴上标签"一半的肥料"，老师会给你提供需要的肥料。

5. 第三盆贴上标签"施肥"，老师会给你提供需要的肥料。

6. 把所有的植物放到同样的地点使其生长并对这个过程进行有规律的观察。

🧪 **数据收集：**

学生可以定期观察植物，并将他们观察到的拍照或者画出来，他们可以决定哪些因素意味着植物长势"良好"——例如，高度、叶子颜色、叶子数量等，并对这些指标仔细检验。如果种植的是像小萝卜一样的根茎植物，也可以从数量或大小方面进行观察。

差异化实验：

- **降低难度**：这个实验可以选取正常生长的室内植物，学生可以给一株植物施肥，另一株不施肥，然后进行对比，例如，花朵的数量等，这个实验可能需要更长的时间。
- **提高难度**：学生也可以给一株植物施以比建议用量更多的肥料，观察对植物会有怎样的影响。这通常会导致植物长势更快，但有时候也会使其枯萎，并且影响作物果实生长，例如，结出小萝卜的大小。

备选问题：

- 植物在以下三种情况下长势如何，不施肥/按建议用量施一半肥料/按建议用量施肥？你认为为什么会有这种现象？
- 你认为农民为什么要使用肥料？
- 植物生长时，使用肥料会有哪些不良后果，你能想到吗？

拓展任务：

学生可以研究肥料在农场的商业用途，包括为什么要使用肥料以及使用肥料潜在的负面作用，他们也可以将施肥的水果蔬菜与有机环境生长下的水果蔬菜进行比较。

EXPERIMENT 26

实验26
做个指示器

学习目标：

利用紫甘蓝做一个指示器。

实验简介：

学生利用紫甘蓝做一个指示器，并用这个指示器测试一些常见家用物质是酸性、碱性还是中性的。

前期知识准备：

完成这项实验，学生不需要任何相关知识。

科学背景知识：

一种物质显酸性还是显碱性取决于这种物质中氢离子的浓度。氢离子浓度高，显酸性，氢离子浓度低，则显碱性。酸碱的强度用pH值来测量，pH值的范围是1-14，1-6显酸性，8-14显碱性，中性物质的pH值为7，指示剂是能够根据酸碱性改变颜色的物质。紫甘蓝中含有一种叫作花青素的物质，这种物质可以用作指示剂（这种物质也可以在其他紫色植物中找到，比如甜菜）。把紫甘蓝浸泡在热水中就会释放出花青素，花青素遇到酸性物质会显粉色，遇到中性物质显紫色，遇到碱性物质则会显蓝色。

国家课程对接：

- **五年级课程：** 物质的属性与变化

——根据硬度、溶解度、透明度、传导性（导电和导热），磁性等物理属性，对日常材料进行比较和归类。

所需材料：

- 一颗大紫甘蓝。

实验26

- 刀（教师使用）。
- 菜板（或任何可以切菜的平面）。
- 大碗。
- 干净的塑料杯或烧杯。
- 茶匙。
- 一些家庭常见物质，比如牙膏、肥皂溶液、柠檬汁、醋、橙汁、柠檬水、可乐、牛奶、苏打、水、助消化的药、洗洁精、食用油。

⚠ **安全及技术注意事项：**

- 学生要等开水变凉后再动手操作。
- 告诉学生不要吃任何实验用品。
- 紫甘蓝会在衣服和皮肤上着色。

实验方法：

教师准备工作：

把紫甘蓝切开放到碗里，烧一壶开水，把开水倒进碗里，水要没过紫甘蓝，让紫甘蓝浸泡在水中释放花青素（水会变成紫色），然后等待水变凉。

🎓 **学生任务：**

1. 放置一排烧杯或塑料杯。
2. 在每个烧杯或塑料杯中添加一种要测试的物质。
3. 在"指示器"（紫色液体）中添加几滴某个烧杯或塑料杯中的物质，轻摇几下。如果你测试的液体很浓（比如牙膏），就需要用茶匙来搅拌一下。
4. 在表格中记录指示器颜色的变化。
5. 反复试验，直到测试完所有的物质为止（如果你用茶匙搅拌了某种物质，在搅拌其他物质之前一定要清洗茶匙）。

数据收集：

物　质	颜　色	酸性、碱性还是中性

EXPERIMENT 26

差异化实验：
- **降低难度**：学生可以把物质的照片分成"酸性"、"碱性"和"中性"。
- **提高难度**：学生可以尝试在一种中性的物质中添加酸性和碱性物质（确保他们的选择是安全的），为了添加正确的比例，他们也许需要提示。

备选问题：
- 酸性物质有哪些相似性？
- 碱性物质有哪些相似性？
- 你认为我们怎样才能调制出中性的物质？

拓展任务：

这项试验可以使用通用指示器来做。借助一系列的颜色变化，通用指示器可以显示出酸性或碱性以及其强度大小，问问学生知道某种物质是酸性或碱性对他们来说是否有帮助，或者知道物质的酸碱性强度是否更好一些。老师可以用紫甘蓝指示器来演示，测试像除垢剂这样的强酸会使指示器变成红色，测试像烤箱清洁剂这样的强碱会使指示器变成绿色。注意：以上只能由老师操作，学生不能接触这些物质，因为它们都具有腐蚀性，如果皮肤接触到此类物质会被灼伤。

实验27
M&M巧克力豆色层分析

学习目标：

调查巧克力豆是用什么颜色的色素染成的。

实验简介：

学生用糖果来做一个简单的色层分析，比如用巧克力豆来研究不用颜色的糖果使用了什么颜色的色素。

前期知识准备：

学生需要了解混合物是可以被分离的。

科学背景知识：

色层分析（又称层析）是一种用于分离不同颜色混合物的技术。在一张纸条的最下方滴几滴色素，然后把纸条竖直放入能够溶解色素的溶剂中，溶剂会携带被溶解的色素渗透上升到纸条上。轻重不同的色素会被携带到层析纸的不同高度，比较"重"的色素不会被携带到较远的位置，所以会最先沉积，比较"轻"的色素可以被携带到高处，所以沉积得较慢。做层析实验通常用层析纸，如果没有，采用咖啡滤纸也可以。

国家课程对接：

- **五年级课程：** 物质的属性与变化

——运用固体、液体和气体的知识判断如何通过过滤、筛分和蒸发的方法来分离混合物。

所需材料：

- 不同颜色的巧克力豆。
- 咖啡滤纸。

EXPERIMENT 27

- 干净的画笔。
- 小烧杯。
- 铅笔。
- 纸巾。
- 水。

⚠ 安全及技术注意事项：

- 告诉学生没有经过允许不要吃掉巧克力豆。
- 注意不是所有牌子的巧克力豆都适合实验，查看一下包装。
- 不要选用聪明豆，因为它们现在趋向于用天然色素，不包含混合色素。

实验方法：

教师准备工作：

把不同颜色的巧克力豆分别放在不同的容器中。

🎓 学生任务：

1. 选择你想要测试的巧克力豆。

2. 用铅笔在咖啡滤纸的顶端上写下巧克力豆的颜色。

3. 把巧克力豆放在纸巾上，用一支画笔蘸着烧杯中的水把巧克力都打湿，把色素刷在咖啡滤纸的中部。

4. 反复用画笔刷巧克力豆直到它变白。

5. 在咖啡纸上有色素的地方滴几滴水。

6. 等待色层分离后在表格中填写结果。

7. 用不同颜色的巧克力豆反复试验，记住每次实验后清洗画笔并换掉烧杯中的水。

数据收集：

巧克力豆颜色	我们看到的颜色

差异化实验：

- **降低难度**：学生可以烘干滤纸来得出结论。

- **提高难度**：学生可以尝试传统的层析技术：把一条咖啡滤纸的一端缠绕在铅笔上，沿着纸条的底端点上色素，确保不要点在一起。往小烧杯中倒入水，使其刚好能够接触到色素。然后把纸条放入烧杯，用铅笔支撑在烧杯上。水会蔓延上升到纸条上，分离出色素。

备选问题：
- 你在M&M巧克力豆中发现了什么颜色？
- 什么颜色蔓延的距离最长/最短？你认为原因是什么？
- 我们可以用层析分离出其他什么色素？

拓展任务：
这项试验可以联系到美术学科，学生可以用水性笔和水以同样的技术来作画。

EXPERIMENT 28

— 实验28 —
是时候分离了

学习目标：

研究怎样分离不同的混合物。

实验简介：

学生研究出分离不同混合物的最好方法，给他们提供一些混合物和不同的实验设备，让他们判断怎样最好地分离混合物。

前期知识准备：

学生需要知道什么是混合物。

🔍 **科学背景知识：**

混合物由两种或多种物质用物理方法混合在一起，并且不同的物质间没有化学键。这与用化学方法合成的物质不同，意味着可以用过滤、筛分或磁石等物理方法来分离混合物。如果物质是溶解在水中的，可以通过蒸馏或蒸发来分离物质。分离混合物通常比分离化学键连接在一起的物质更容易，后者需要断开化学键，选择分离混合物的方法取决于混合物中物质的性质和粒子的大小。

国家课程对接：

■ **三年级课程**：力与磁

——观察磁铁如何相互吸引或排斥，以及如何吸引或排斥其他物质。

> 实验28

- **四年级课程**：物质的形态

——比较物质的形态，把物质按固体、液体或气体进行分类。

- **五年级课程**：物质的形态与变化

——运用固体、液体和气体的知识判断如何通过过滤、筛分和蒸发的方法来分离混合物。

所需材料：

- 一些不同的可以分离的混合物，比如，大理石、沙子、铁粉、水和大米，回形针。
- 沙子和意粉，水和沙子。
- 分离混合物的设备，比如漏斗、滤纸、筛子、磁石、烧杯、卡纸。

⚠ 安全及技术注意事项：

- 注意监督学生使用铁粉。
- 用保鲜膜把磁石包起来，这样会更容易去掉铁粉。

实验方法：

教师准备工作：

准备需要被分离的混合物，并准备一些包含两到三种甚至更多物质，需要用不同的方法分离的混合物。

🎓 学生任务：

1. 你可以选择分离不同的混合物。

2. 在结果表中记录你的第一种混合物，判断怎样分离不同的物质。

3. 试着把混合物分离成不同的物质。你成功了吗？在结果表中记录你是怎样分离混合物的。

4. 分离剩下的混合物。

📊 数据收集：

何种混合物	设备	怎样分离	是否成功

EXPERIMENT 28

差异化实验：
- **降低难度**：可以让学生分离较简单的混合物。
- **提高难度**：可以给学生比较难分离的混合物，或者让他们自己制作分离设备，比如用卡纸制作筛子。

备选问题：
- 哪种混合物最好分离，哪种最难分离，为什么？
- 你用了何种不同的分离方法？
- 你成功地分离了所有的混合物吗？你做其他事情会尝试不同的方法吗？

拓展任务：
学生可以学习其他的分离技术，比如层析法。

实验29
糖的溶解

学习目标：

研究哪一种糖溶解得最快。

实验简介：

学生通过对比砂糖、糖粉、幼砂糖和红糖，研究出哪一种糖的溶解速度最快。

前期知识准备：

学生需要知道什么是溶解，并且知道糖是可以溶解在水中的。

科学背景知识：

可以溶解的物质具有可溶性。可以溶解物质的液体叫作溶剂，不同的物质可以溶解在不同的溶剂中。比如，指甲油不溶于水，但是溶于丙酮，水是一种可以溶解很多种物质的溶剂。当一种物质溶解，它的颗粒会分离并在溶剂中散开，这就是为什么它们看上去像消失了一样。当一种物质被溶解在一种溶剂中我们称这种液体为溶液，溶剂只能溶解定量的物质。当溶剂不能溶解更多的物质时，我们称这种状态为饱和。有一些因素能够使物质溶解速度加快，如把物质分成小块，使之与溶剂接触面变大、提高水的温度或者搅拌液体等。

国家课程对接：

- **五年级课程**：物质的属性与变化

——了解有些物质会溶解，形成溶液，并描述如何从溶液中提取物质。

——运用固体、液体和气体的知识判断如何通过过滤、筛分和蒸发的方法来分离混合物。

所需材料：

- 烧杯。

EXPERIMENT 29

- 搅拌棒。
- 量筒。
- 计时器。
- 水。
- 不同种类的糖，比如砂糖、幼砂糖、糖粉、红糖。

⚠️ **安全及技术注意事项：**

- 这项实验需要开水，水要充足。
- 提醒学生不要吃糖。
- 提醒学生这是一个公平测试实验，所以他们需要考虑要控制的变量。
- 鼓励学生在实验中用少量的糖，否则会溶解得非常慢。

实验方法：

教师准备工作：

把不同的糖分别放入不同的碗中，做好标记。

🎓 **学生任务：**

1. 计划好你的实验，包括你需要控制的变量。
2. 先选择一种你想要测试的糖。
3. 拿取定量的糖，记住你拿的是哪一种。
4. 在烧杯中加入定量的水。
5. 把你的糖添加到烧杯中开始计时，按照计划好的搅拌次数来搅拌液体。
6. 当你看不到任何糖时暂停计时器，在结果表中记录时间，用同样的糖再重复实验两次。
7. 用其他的糖继续试验。

数据收集：

实验	溶解的时间			
	砂 糖	糖 粉	红 糖	幼砂糖
1				
2				
3				
平 均				

差异化实验：

- **降低难度**：给学生们提供热水和糖，这样他们只需要关注糖溶解的时间。
- **提高难度**：学生也可以研究影响溶解速度的其他因素，比如搅拌的影响。

备选问题：

- 哪一种糖溶解得最快，哪一种最慢？你为什么这样认为？
- 你认为如果我们用沸水实验会发生什么？
- 你认为搅拌对糖溶解有什么影响？

拓展任务：

  教师可以向学生展示用开水溶解糖的速度有多快，也可以展示用冷水溶解糖的速度有多慢。

EXPERIMENT 30

实验30
找到溶剂

学习目标：

为溶质找到正确的溶剂。

实验简介：

学生研究物质会溶于哪种溶剂。

前期知识准备：

学生要知道什么是溶剂和溶质。

科学背景知识：

溶剂是一种能够溶解固体（溶质）的液体，溶剂通常是合成的（两种或多种不同的原子用化学方法组合到一起）。不同的溶剂溶解不同的溶质，一种溶剂是否溶解某种溶质取决于两者的极性。溶剂和溶质可以是有极性的，也可以是无极性的。水是一种有极性的溶剂，它通常被称作"通用溶剂"，因为它可以溶解很多种溶质。植物油和丙酮是无极性的溶剂。糖是有极性的溶质，因为它溶于水而不溶于植物油和丙酮。口红是无极性的，所以它溶于丙酮。蜡是另一种无极性的溶质，溶于植物油。沙子是一种不溶于任何溶液的溶质。

国家课程对接：

■ **五年级课程：** 物质的性质与变化

——了解一些物质会溶于液体变成溶液，描述怎样把物质从溶液中重新分离出来。

所需材料：

- 烧杯。
- 水。
- 植物油。
- 糖。
- 蜡。
- 沙子。
- 棉签。
- 量筒。
- 茶匙。

- 洗甲水。
- 指甲油。

⚠️ **安全及技术注意事项：**

- 用温水做实验。
- 确保洗甲水中含有丙酮。
- 丙酮（洗甲水中）是极易燃的，所以要使洗甲水远离火源，监督学生使用。如果没有洗甲水，可以用洗手液来代替。
- 在指甲油实验中，用棉签蘸些指甲油，等待晾干。如果没有指甲油，就不用准备这些。
- 在蜡烛实验中，把蜡烛上的蜡切碎到合适的大小。
- 提醒学生不要吃糖。
- 实验后学生要洗手。

实验方法：

教师准备工作：

准备指甲油和蜡烛实验（遵照安全及技术注意事项）。

🎓 **学生任务：**

1. 你需要三个烧杯。
2. 烧杯一：用量筒量取100ml水，然后加到烧杯中，并标记"水"。
3. 烧杯二：用量筒量取100ml植物油，然后加到烧杯中，并标记"植物油"。
4. 烧杯三：用量筒量取100ml洗甲水，然后加到烧杯中，并标记"洗甲水"。
5. 在每个烧杯中加入一茶匙糖并搅拌，糖溶解了吗？在结果表中记录结果。
6. 在每个烧杯中加入一茶匙沙子并搅拌，沙子溶解了吗？在结果表中记录结果。
7. 在每个烧杯中加入一茶匙蜡并搅拌，蜡溶解了吗？在结果表中记录结果。
8. 把蘸有指甲油的棉签放到每个烧杯中，确保指甲油浸在溶剂中，指甲油溶解了吗？在结果表中记录结果。

EXPERIMENT 30

数据收集：

溶 剂	溶 质			
	糖	沙子	蜡	指甲油
水				
植物油				
洗甲水				

差异化实验：

- **降低难度**：可以给学生准备好已经装有溶剂的烧杯。
- **提高难度**：学生可以预测或实验其他物质是否溶于这些溶剂，确保它们的选择是安全的。

备选问题：

- 哪种溶质溶于哪种溶剂？
- 你认为为什么有些溶质不能溶于某些溶剂？
- 其他的哪种溶质溶于/不溶于水？

拓展任务：

学生可以研究在不同的水温下，糖在水中的溶解速度。

实验31
让我们达到饱和吧

学习目标：

研究三种不同的糖在水中的饱和点。

实验简介：

学生研究在水中加入多少糖才能达到饱和状态，他们要用三种不同的糖：砂糖、幼砂糖和糖粉。

前期知识准备：

学生要知道糖溶于水，并且当糖溶解后，糖在水中仍然是存在的。

科学背景知识：

可以溶解的物质具有可溶性，可以溶解物质的液体叫作溶剂，混合液体（当一种可溶物质溶解在溶剂中时）叫作溶液。所有的溶剂都有一个饱和点，当溶剂达到这个点后就不能再溶解更多可溶物，不同物质溶解的饱和点都不同。溶解物的颗粒越大，被溶解的物质就越少。在糖类中，砂糖的颗粒最大，其次是幼砂糖和糖粉，因此在水中溶解时，砂糖最先达到饱和点，其次是幼砂糖和糖粉。

国家课程对接：

- **五年级课程：** 物质的属性与变化

——了解有些物质会溶解，形成溶液，并描述如何从溶液中提取物质。

所需材料：

- 烧杯或塑料罐。
- 砂糖。
- 幼砂糖。
- 糖粉。
- 量筒。
- 茶匙。
- 温水。

EXPERIMENT 31

⚠️ **安全及技术注意事项：**
- 提醒学生不要吃实验用的糖。
- 做这项实验用温水比用凉水溶解糖的速度更快。
- 鼓励学生用少量的水，从而减少达到饱和点所需要的糖量。

实验方法：

教师准备工作：

把不同的糖分别放在不同的碗里。

🎓 **学生任务：**

1. 需要三个烧杯，在每个烧杯中加入等量的水。
2. 首先选择一种你想要实验的糖，在其中一个烧杯中加入一茶匙糖，搅拌直到你看不到糖为止。
3. 继续添加糖并搅拌，直到糖不能再溶解于水。
4. 在结果表中记录水能溶解多少茶匙的糖。
5. 用其他种类的糖重复试验。

数据收集：

糖的种类	水能溶解多少茶匙的糖
砂 糖	
幼砂糖	
糖 粉	

差异化实验：
- **降低难度**：也许需要协助学生，确保每次加到水里一茶匙糖的量是相近的。
- **提高难度**：学生可以更精确地测量糖的量，比如用一个电子秤来称量。

备选问题：
- 哪一种糖在它不再溶解前加的最多？你认为原因是什么？
- 哪一种糖在它不再溶解前加的最少？你认为原因是什么？
- 你认为糖最终停止溶解的原因是什么？

拓展任务：

教师可以用三个大烧杯演示，水越多，可以溶解的糖就越多，但是，最终达到饱和点时的先后顺序——砂糖、幼砂糖和糖粉保持不变。

实验32
净化水

学习目标：

净化脏水。

实验简介：

学生用不同的技术研究出净化水的最好方法。

前期知识准备：

学生要熟悉操作分离技术，比如筛分和过滤。

🔍 **科学背景知识：**

脏水是一种混合物，混合物是两种或多种物质用物理方法混合在一起，并且不同的物质间没有化学键。这与用化学方法合成的物质不同，意味着可以用过滤、筛分或蒸发等的物理方法来分离混合物。脏水可以先用物理方法去除固体颗粒来净化。无论如何，即使水看起来很干净，但是仍然包含了像细菌这样的微生物，从而影响饮水健康。这些微生物需要用化学方法（比如氯）或者把水煮沸来杀死微生物，然后冷凝水蒸汽变成水。

国家课程对接：

■ **五年级课程**：物质的形态与变化

——运用固体、液体和气体的知识判断如何通过过滤、筛分和蒸发的方法来分离混合物。

——演示溶解、混合，以及物质形态的改变是可逆的。

所需材料：

- 脏水，比如池塘水，或者混着泥土的自来水。
- 烧杯。
- 量筒。
- 漏斗。
- 滤纸。

EXPERIMENT 32

- 木炭。
- 沙子。
- 小石子。

⚠️ **安全及技术注意事项：**

- 学生要在做完实验后洗手。
- 提醒学生，即使水被"净化"了，也不能喝。

实验方法：

教师准备工作：

准备脏水，确保每个组都够用。

🎓 **学生任务：**

1. 你已经有了脏水，你的任务是尽可能地净化它。

2. 看看你可以选择的设备，决定要怎样开始净化脏水。

3. 你可以使用多种方法净化脏水，并且可以选择多净化几次。

数据收集：

学生可以给净化前和净化后的脏水拍照，看看净化后的水是什么样的。

差异化实验：

- **降低难度：** 学生可以按照提示来操作不同的分离技术。
- **提高难度：** 学生可以研究怎样用蒸发和冷凝的方法把盐从水中分离。

备选问题：

- 用哪种方法净化的水最干净/脏？你为什么这样认为？
- 你认为现在水干净到可以喝了吗？你为什么这样认为？
- 你认为还有什么其他净化水的方法？想一想你游泳的时候，游泳池的水还有家里的自来水，都是怎样净化的？

拓展任务：

这项实验可以结合地理方面的知识，学生可以调查哪些国家的人有时会喝不上干净的水，其后果会怎样。

实验33
扩散速度

学习目标：

研究扩散速度。

实验简介：

学生通过在烧杯中添加食用色素来研究不同温度下水的扩散速度。

前期知识准备：

学生需要知道什么是扩散，并且扩散可以发生在液体中。

🔍 科学背景知识：

扩散的发生导致粒子任意移动。扩散可以发生在液体和气体中，粒子都可以互相移动（扩散不发生在固体中，因为粒子不能自由移动）。例如，当把液体A添加到液体B中时，液体A的粒子会任意扩散开，最终会全部散布到"新"液体中。用有颜色的液体很容易观察到这种现象，比如饮料，添加到清澈的液体，比如水中。有一些因素会影响扩散速度，其中一个是温度，温度越高，扩散速度越快。这是因为粒子有更多的动力（移动），所以它们移动地更快，用物理动力比如搅拌也会增加扩散速度。

国家课程对接：

■ **四年级课程：** 物质的状态

——观察当加热或制冷某些物质时物理状态的改变，测量或调查物质在多少摄氏度（℃）时物理状态改变。

■ **五年级课程：** 物质的性质与变化

——了解一些物质会溶于液体变成溶液，描述怎样把物质从溶液中重新分离出来。

EXPERIMENT 33

所需材料：

- 透明烧杯。
- 食用色素。
- 茶匙或搅拌棒。
- 标签。
- 量筒。
- 水壶（可选）。
- 水。
- 计时器。

⚠ **安全及技术注意事项：**

- 尽量使用塑料烧杯。
- 教师可以演示煮沸水，但学生不可以操作。做实验的热水要充足。
- 食用色素可以在凉水中扩散，但是速度很慢。这项实验最好在上午做，为的是可以一整天观察烧杯中的凉水。

实验方法：

教师准备工作：

为学生准备从冰箱中取出的凉水，并放置在烧杯中，或者在水中加入冰块来使水变得非常凉。

🎓 **学生任务：**

1. 需要三个烧杯，给烧杯做好标记，"凉水""温水"和"热水"。

2. 用量筒量取150ml凉水倒入标记为"温水"的烧杯中，然后用量筒量取150ml热水倒入同样的烧杯中（标记为"温水"）。用茶匙或搅拌棒搅拌一下，把烧杯放到一边。

3. 用量筒量取300ml备好的凉水，倒入标记为"凉水"的烧杯中。

4. 用量筒量取300ml热水，倒入标记为"热水"的烧杯中。

5. 在每个烧杯中加入三滴食用色素，并开始计时。

6. 记录食物色素完全扩散到水中用了多长时间，把数据写到结果表中，有些烧杯中这种现象的发生可能花费很长时间。

📊 **数据收集：**

水温	花费时间（分，秒）
凉 水	
温 水	
热 水	
沸水（如果做演示）	

差异化实验：
- **降低难度**：可以提前给学生准备好水，教师可以帮助学生决定什么时候食用色素完全"扩散"在水中。
- **提高难度**：学生在更多不同水温的条件下做一个更系统的实验，并用温度计来记录水的准确温度。

备选问题：
- 在哪种温度的水中食用色素扩散地最快/慢？你为什么这样认为？
- 还有哪些因素可能会提高或减缓食用色素在水中扩散的速度？
- 你认为如果我们用其他物质在水中扩散，比如橙汁，会得到相似的结果吗？你为什么这样认为？

拓展任务：

学生可以看一看气态物的扩散速度。做一个简单的实验，让学生在教师中排成一列，教师喷一种气味强烈的物质，比如香水或空气清新剂（注意有过敏），从排头开始，闻到味道的学生举起手来。

EXPERIMENT 34

实验34
最好用的吸管

学习目标：

找到最好用的吸管。

实验简介：

学生通过观察不同直径的吸管如何将水"吸起"来研究毛细管作用。

前期知识准备：

完成这项任务，学生不需要任何相关知识。

科学背景知识：

毛细管作用是两种不同作用的结果：内聚力和附着力。内聚力是一种食物内部分子聚合的力，水有很强的聚合力，所以用某种力可以聚合分子，当两种不同的物质"粘"在一起就产生了附着力。水被塑料吸管吸引，所以附着在吸管内壁。为了产生毛细管作用（水被吸入吸管），附着力必须要大于引力。在吸管试验中，吸管越细，吸起的水的距离就越长，这是因为吸管中的水越少，吸管内与附着力产生作用的水分子就越少。毛细管作用是植物通过茎从根部运输水的方式。

国家课程对接：

■ **三年级课程：** 植物

——了解植物体内的水分是通过什么方式运输的。

所需材料：

■ 不同直径的吸管。
■ 烧杯。
■ 食用色素。
■ 水。
■ 尺子。
■ 剪刀。

实验34

⚠️ **安全及技术注意事项：**
- 实验用的凉水要充足。
- 学生们也许想在实验之前练习几次把水从烧杯中"移走"，教师最好演示一下怎么做。
- 提醒学生不要喝实验用水。

实验方法：

教师准备工作：

　　你也许想要把不同的吸管剪成相同的长度，或者让学生剪，确保剪掉吸管弯曲的地方。用皮尺或一根线测量吸管的直径，也可以让学生来量。

🎓 **学生任务：**

　　1. 在烧杯中加入水并加几滴食用色素，确保颜色足够深，这样你就可以在吸管中清楚地看到。

　　2. 确保你的吸管长度相等，老师也许已经帮你做好了这项工作。

　　3. 把第一根吸管插入烧杯，不要碰到烧杯底。等10秒，然后用手指压在吸管的顶端，并缓慢把吸管从烧杯中移走。你看到了什么？用尺子测量水在吸管中的水位，在结果表中记录结果。

　　4. 把吸管拿到烧杯上方，移开压在吸管上的手指，发生了什么？

　　5. 用其他吸管，重复步骤3和步骤4。

📊 **数据收集：**

吸管的直径（毫米）	吸管中的水位（厘米）

差异化实验：

- **降低难度：** 如果学生觉得用尺子测量吸管中的水位比较困难，可以拍照后比较。
- **提高难度：** 学生可以用不同的液体来研究不同的液体对毛细管作用的影响，比如牛奶、植物油和洗涤液。

EXPERIMENT 34

备选问题：
- 哪种吸管的水位最高/最低？你为什么这样认为？
- 你认为水为什么会爬上吸管？
- 你认为水会一直保留在吸管中直到你的手指从吸管顶部移开才下落的原因是什么？

拓展任务：

学生可以研究植物是怎样通过毛细管作用在茎中运输水的。

实验35
制作乳剂

学习目标：

自己制作乳剂。

实验简介：

学生用蛋黄、醋和植物油制作乳剂。

前期知识准备：

学生要知道什么是混合物。

科学背景知识：

当一种固体或一种液体与另一种液体混合，但不溶于该液体时，就产生了乳剂。液体的液滴或固体的粒子会全部扩散到液体中，水和植物油就是这个过程很好的例子。油不溶于水，所以油的液滴会浮在水面上。乳剂中的粒子没有发生化学反应，所以它们有分层的趋向，这就是为什么乳剂在使用之前要搅拌。为了防止分离，可以添加一种叫乳化剂的物质，这可以使粒子结合在一起。蛋黄酱就是一种常见的乳剂，蛋黄是乳化剂，由醋和油结合而成，这是因为蛋黄包含卵磷脂，这种物质的一端被油吸引，另一端被醋吸引，因此醋和油才结合在了一起。

国家课程对接：

■ **四年级课程：** 物质的形态

——比较物质的形态，把物质按固体、液体或气体进行分类。

■ **五年级课程：** 物质的属性与变化

——了解有些物质会溶解，形成溶液，并描述如何从溶液中提取物质。

——运用固体、液体和气体的知识判断如何通过过滤、筛分和蒸发的方法来分离混合物。

EXPERIMENT 35

所需材料：

- 塑料碗。
- 水。
- 量筒。
- 植物油。
- 蛋黄。
- 醋。
- 打蛋器。

⚠ 安全及技术注意事项：

- 在搅拌混合物时必须缓慢添加油，最好向学生演示，他们也许会觉得一个人搅拌，另一个人添油更简单。
- 做好的"蛋黄酱"不可以食用，仅用来演示乳剂的性质。
- 学生要在完成实验后洗手。
- 注意过敏。

实验方法：

教师准备工作：

你也许想要提前准备蛋黄，这项实验最好没有蛋白。

🎓 学生任务：

1. 用量筒量取10ml醋，倒进一个碗里。
2. 用量筒量取100ml油。
3. 缓慢地把油（每次一点）倒进碗里，不断搅拌混合物。
4. 观察混合物，它看起来像什么？在你的结果表中记录你观察到的现象。
5. 用一个干净的碗，量取10ml醋倒进这只碗中，然后在碗中添加蛋黄。
6. 搅拌混合物直到变成黏稠状。
7. 用量筒量取100ml油。
8. 缓慢地把油（每次一点）倒进碗里，不断搅拌混合物。
9. 观察混合物。它看起来像什么？在结果表中记录你观察到的现象。

📊 数据收集：

乳剂的现象	
没有乳化剂（蛋黄）	有乳化剂（蛋黄）

实验35

差异化实验：
- **降低难度**：学生或许认为以小组活动的形式在厨房进行这项实验更容易。
- **提高难度**：学生可以观察使用不同比例的植物油和醋对乳剂的影响。

备选问题：
- 你在没有添加蛋黄的乳剂中观察到了什么现象？
- 你在添加蛋黄的乳剂中观察到了什么现象？
- 你认为加入蛋黄后的乳剂有什么不同？

拓展任务：
　　这项实验可以结合设计和技术课程，学生可以考虑观察一下食用乳剂，比如人造奶油和冰激凌。

EXPERIMENT 36

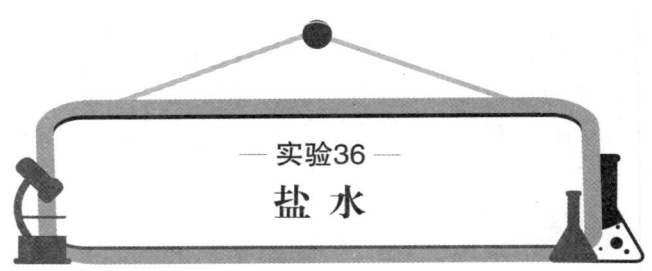

— 实验36 —
盐 水

学习目标：

研究怎样用盐使物体漂浮。

实验简介：

学生研究要使不同的物体漂浮需要在水中添加多少盐，在水中加盐是为了使通常会下沉的物体漂浮起来。

前期知识准备：

完成这项任务，学生不需要任何相关知识。

科学背景知识：

物体在水中漂浮或下沉取决于它们的密度（密度=质量÷体积）。如果一个物体的密度大于水，就会下沉，这是因为水的浮力不足以支撑物体漂浮。物体向下的引力大于浮力，所以物体下沉。如果物体的密度小于水，它将会漂浮，因为水的浮力足以支撑物体漂浮。通过在水中添加盐可以提高水的密度，因此可以使之前会下沉的物体漂浮。根据物体密度的不同需要添加不等量的盐，物体的密度越大，就要添加越多的盐使它漂浮。

国家课程对接：

■ **五年级课程**：力

——没有支撑的物体会掉落地面，这是因为在地球和物体之间存在重力作用。

所需材料：

■ 大的透明容器。

■ 水。

■ 盐。

- 一些要漂浮的物体——鸡蛋是不错的选择（新鲜，生的），番茄、切成块的苹果。
- 土豆和猕猴桃。

⚠ 安全及技术注意事项：

- 不要把水放在靠近电子设备的地方。
- 相同种类的物体会因包含水分不同的个体差异而影响它们漂浮，所以需要的盐量也不同。
- 注意过敏。

实验方法：

教师准备工作：

在容器中加满水，把要用的水果和蔬菜切开。

🎓 学生任务：

1. 看看你的材料，预测一下当你把它们放到水中，它们会漂浮还是下沉，在你的结果表中记录你的预测。
2. 把材料小心地放入水中。
3. 在结果表中记录你的材料的情况。
4. 当你把所有的材料都放到水中后，开始在水中缓慢加盐。
5. 持续加盐直到（1）所有材料都浮起来，或（2）盐用光了。
6. 记录下哪种材料是第一个浮起来的，第二个是哪种，第三个是哪种……

📊 数据收集：

我认为材料会漂浮/下沉	实际材料漂浮/下沉	当我们在水中添加盐时，下沉的物体漂浮的顺序
		1.
		2.
		3.
		4.
		5.
		6.

差异化实验：

- **降低难度**：学生可能想用更简单的方法做这项实验，把每种物体分别放到装有水的烧杯中，然后记录使物体漂浮要放几勺盐。

EXPERIMENT 36

- **提高难度**：学生可以测量每种物体的质量和体积，然后计算它们的密度，看看这项因素对在水中需要添加多少盐有什么影响。

备选问题：
- 哪种物体最先/最后浮起来？你认为这是为什么？
- 你认为在水中加盐会使物体浮起来的原因是什么？
- 大自然中我们可以在哪里找到含盐的水？

拓展任务：

学生可以研究约旦的死海，死海是约旦河一个含盐度非常高的湖（几乎是海水盐度的十倍）。这样人们就很容易在里面游泳，因为盐水可以使人漂浮。

实验37

实验37
观察熔化现象

学习目标：

观察不同物体熔化时发生了什么。

实验简介：

学生用茶蜡熔化不同的物质，观察发生了什么。

前期知识准备：

学生要知道三种物态：固态、液态和气态。

🔍 **科学背景知识：**

熔化是一种状态的改变，当一种物质从固态变为液态时，我们称之为熔化，大多数熔化都发生在热能（加热）传递给物质的情况下。热能给物质中的分子提供了动能（移动），意味着它们可以断开使它们结合成固体的链接。不同的物质会在不同的温度下熔化，但相同的物质总是会在相同的温度熔化（称之为熔点）。不同物质的熔化速度和方式也不同，比如，当有些固体熔化时（比如巧克力）会先变软再变成液体，然而其他的（比如水）会直接从固体变成液体。

国家课程对接：

■ **一年级课程：** 日常材料

——描述各种日常材料的基本物理属性。

■ **四年级课程：** 物质的形态

——比较物质的形态，把物质按固体、液体或气体进行分类。

——观察有些物质在加热或降温时形态会发生什么样的变化，测量或研究形态变化时的温度（℃）。

EXPERIMENT 37

■ **五年级课程**：物质的属性与变化
——根据硬度、溶解度、透明度、传导性（导电和导热）、磁性等物理属性，对日常材料进行比较和归类。
——演示溶解、混合，以及物质形态的改变是可逆的。

所需材料：

- 一些要熔化的物质——巧克力、奶酪、冰、奶油、蜡。
- 茶蜡
- 熔化用的小金属容器
- 长木夹

⚠ **安全及技术注意事项：**

- 在沙盘中放置一个茶蜡为熔化做准备。
- 把学生的头发扎起来，卷起松散的衣服，比如衣袖。
- 确保室内通风。
- 老师来点燃蜡烛。
- 学生要在一个小的沙盘中放置要熔化的物质，这样它们就可以用长木夹来延续茶蜡的火焰，他们应该避免把沙盘直接放到火焰中，而要放到火焰上方。

实验方法：

教师准备工作：

　　准备要熔化的物质，每一种只需要少量，当实验准备就绪，为学生点燃蜡烛。

🎓 **学生任务：**

1. 先选择你要熔化的物质。
2. 靠近些观察，记录下你观察到的，它看起来是什么样的？摸起来什么感觉？闻起来什么样？把它放到沙盘中。
3. 用长木夹夹起沙盘，举到蜡烛的火焰上，直到物质开始熔化。
4. 观察熔化中的物质，你能看到什么？闻到什么？听到什么？不要触碰，因为很烫！
5. 把沙盘放到沙子中，并记录下你观察到的。现在停止熔化，它看起来是什么样的，跟实验前一样吗？

6. 用其他物质重复实验。

数据收集：

熔化的物质	观察		
	熔化前的样子	熔化中的样子	熔化后的样子

差异化实验：

- **降低难度**：学生可以给熔化前、熔化中和熔化后的物质拍照片，用来记录他们的实验结果。
- **提高难度**：学生可以更近地检验物质——比如用放大镜，为了观察更多的细节。

备选问题：

- 物质在熔化之前是什么样的？
- 物质在熔化过程中是什么样的？
- 物质在熔化之后是什么样的？

拓展任务：

学生可以研究不同物质的熔点和凝固点，建立一个"温度表"，显示出各种物质在什么温度熔化和凝固。

EXPERIMENT 38

实验38
观察燃烧现象

学习目标：

观察不同物质燃烧时发生了什么。

实验简介：

学生用一个茶蜡燃烧不同的物质，观察发生了什么。

前期知识准备：

完成这项任务，学生不需要任何相关知识。

科学背景知识：

燃烧是一种化学反应，是一种不可逆的变化（与熔化不同，熔化是一种可逆变化），燃烧需要有火源、充足的氧气和可燃物。可燃物是一种接触到火很容易被点燃的物质，火焰的热量给物质提供了足够的能量进行燃烧过程。由于燃烧的发生，物质中分子之间的连接会被破坏。通常，燃烧会产生新物质，包括二氧化碳和水，这些新物质是物质中的分子与空气中的氧气发生反应后产生的。固体碳在燃烧后会遗留下灰烬，这种碳没有与氧气发生反应，所以不会产生二氧化碳。如果燃烧后有剩余的碳，叫作"不完全燃烧"。如果所有的碳都和氧气发生了反应，叫作完全燃烧。

国家课程对接：

■ **四年级课程：** 物质的形态

——观察有些物质在加热或降温时形态会发生怎样的变化，测量或研究形态变化时的温度（℃）。

■ **五年级课程：** 物质的属性与变化

——演示溶解、混合，以及物质形态的改变是可逆的。

——对金属、木头、塑料等日常材料进行对比和公平测试，分析其用途及原因。

——解释有些物质发生变化后会生成新物质（这种改变通常是不可逆的），这些变化包括燃烧反应和酸碱反应等。

所需材料：

- 一些可燃烧的物质——面包、棉絮、合成纤维和纸都是不错的选择。
- 茶蜡
- 长木夹

⚠ 安全及技术注意事项：

- 在沙盘中放置一个茶蜡为燃烧做准备。
- 把学生的头发扎起来，卷起松散的衣服，比如衣袖。
- 确保室内通风。
- 老师来点燃蜡烛。
- 学生应运用长木夹夹住要燃烧的物质，他们应把物质放到火焰的尖端来燃烧。
- 要熄灭物质时，应该把物质放进沙子里。

实验方法：

教师准备工作：

准备要燃烧的物质，每一种只需要少量，当实验准备就绪时，为学生点燃蜡烛。

🎓 学生任务：

1. 先选择你要燃烧的物质。

2. 靠近些观察，记录下你观察到的，它看起来像什么？摸起来像什么？闻起来像什么？把它放到沙盘中。

3. 小心地用木夹夹起物质，把它放到火焰上直到它开始燃烧。

4. 观察燃烧中的物质，你能看到什么，闻到什么，听到什么？不要触碰，因为很烫！

5. 把沙盘放到沙子中，并且记录下你观察到的。现在停止燃烧，它看起来像什么，跟实验前一样吗？

6. 用其他物质重复实验。

EXPERIMENT 38

📋 **数据收集：**

燃烧的物质	观察		
	燃烧前的样子	燃烧中的样子	燃烧后的样子

差异化实验：

- **降低难度**：学生可以给燃烧前、燃烧中和燃烧后的物质拍照，来记录他们的实验结果。
- **提高难度**：学生可以更近地检验物质——比如用放大镜，为了观察更多的细节。

备选问题：

- 物质在燃烧之前是什么样的？
- 物质在燃烧过程中是什么样的？
- 物质在燃烧之后是什么样的？

拓展任务：

学生可以研究不易燃烧的织物，思考它为什么可以居家使用。

实验39 生锈问题

学习目标：

研究生锈所需要的条件。

实验简介：

学生研究铁生锈需要的条件，做这项实验，要把铁钉放在不同的条件下，观察哪些条件会导致铁钉生锈。

前期知识准备：

完成这项任务，学生不需要任何相关知识，但了解什么是锈会对他们有帮助，生锈通常被认为是一个麻烦。

科学背景知识：

生锈是一种影响铁和钢的腐蚀现象，真正的"生锈"（金属表面泛红的沉积）是铁的氧化物。铁和钢遇到氧气和水就会生锈，铁金属会与空气中或水中的氧气发生化学反应，形成铁氧化物，生锈是一种不可逆的变化。如果锈没有去掉，就会"侵蚀"金属，会对受影响的部分产生相当大的损害。有很多方法可以防止生锈发生，通常是用物理隔离的方法来阻隔氧气或水与铁接触，这些物理隔离包括使用油漆和润滑油。

国家课程对接：

■ **二年级课程**：日常材料的使用

——识别并比较各种日常材料的用途及其适用性，包括木头、金属、塑料、玻璃、砖、石、纸和硬纸板等。

■ **五年级课程**：物质的属性与变化

——对金属、木头、塑料等日常材料进行对比和公平测试，分析其用途及原因。

EXPERIMENT 39

——解释有些物质发生变化后会生成新物质（这种改变通常是不可逆的），这些变化包括燃烧反应和酸碱反应等。

所需材料：
- 一些铁钉（如果没有铁钉，可以用其他物体代替）。
- 一些烧杯或塑料罐。
- 油漆。
- 食用油。
- 润滑油（比如凡士林）。
- 水。
- 标签。

⚠ 安全及技术注意事项：
- 监督学生使用铁钉。
- 沸水会除去水中的氧气，让学生观察没有氧气的水。
- 在做实验前，等沸水变凉。
- 这项实验需要水和食用油，首先把水添加到烧杯中，然后在水上倒一层食用油，这样可以防止氧气进入沸水。
- 铁钉最好存放一周。

实验方法：

教师准备工作：

在需要用的铁钉上涂上油漆或润滑油，你也许想让学生自己来给铁钉涂润滑油，确保他们能涂满整个铁钉。

把铁钉分别放到标有铁钉、油漆铁钉和润滑油铁钉的罐子里。

🎓 学生任务：

1. 设置九个实验所需的罐子，用标签标记这些罐子："空气中的铁钉"、"水中的铁钉"、"沸水中的铁钉"、"空气中的油漆铁钉"、"水中的油漆铁钉"、"沸水中的油漆铁钉"、"空气中的润滑油铁钉"、"水中的润滑油铁钉"、"沸水中的润滑油铁钉"。

2. 在每一个标有"铁钉"的罐子里放一枚普通铁钉。

3. 在每一个标有"油漆铁钉"的罐子里放一枚涂过油漆的钉子。

4. 在每一个标有"润滑油铁钉"的罐子里放一枚涂过润滑油的钉子。

5. 在每一个标有"水"的罐子里，倒入一些水，使铁钉基本（不是完全）覆盖。

6. 在每一个标有"沸水"的烧杯中，用水完全覆盖铁钉，然后小心地在水上倒一层食用油。

7. 把烧杯放到安全的地方。一个星期后，再来检验它们，看看发生了什么。

数据收集：

钉子的种类	条件		
	空气	水	沸水和食用油
铁钉			
铁钉—油漆			
铁钉—润滑油			

差异化实验：

- **降低难度**：学生可以在实验的最后给铁钉拍照，作为实验结果。
- **提高难度**：学生也可以研究不同的水——比如自来水、瓶装水、雨水、过滤水，看看这对铁钉生锈有什么影响。

备选问题：

- 哪种条件会导致生锈？你认为原因是什么？
- 生锈的铁钉发生了什么情况？
- 你认为涂过油漆和润滑油的铁钉可以防止生锈的原因是什么？

拓展任务：

学生可以研究与生锈相关的问题，比如商用机械装置或汽车以及自行车的生锈问题。

EXPERIMENT 40

— 实验40 —
导体还是绝缘体

学习目标：
测试材料是否导电。

实验简介：
学生用一个简单电路测试哪种材料导电。

前期知识准备：
学生要能够组装简单的串联电路。

科学背景知识：
电子的流动产生电流，电子是构成原子的三种亚微粒子中的一种（另外两种是质子和中子）。有些材料可以使电子在其中轻易地流动，因此这些材料可以"导"电，金属就是一种导体。另一方面，绝缘体不能使电子在其中流动，因此它们不能导电。电路只有闭合时才可以运行，如果在电路中设置一个绝缘体，就会使电路停止运行（即使没有明显的"缺口"），因为电流不能通过绝缘体。如果在电路中设置一个导体，电流仍然可以在电路中流动，因此电路仍然可以运行。

国家课程对接：

■ **四年级课程：** 电
——组装简单的串联线路，认识基本的电路元件并说出名称，包括电源、导线、灯泡、开关和蜂鸣器。
——根据灯泡所处的带电池的电路是否完整，来判断简单串联电路中的灯泡是否发亮。
——认识一些常见的导体和绝缘体，了解金属是电的良导体。

- **五年级课程**：物质的属性与变化

——根据硬度、溶解度、透明度、传导性（导电和导热）、磁性等物理属性，对日常材料进行比较和归类。

- **六年级课程**：电

——用已知的电路符号画出一条简单电路图。

所需材料：

- 组装一个简单的串联电路装置
- 测试电路中导体和绝缘体的材料，比如茶匙、木勺、塑料勺、曲别针、橡胶、石墨铅笔、金属弹簧、硬纸管、金属钉子等。

⚠ 安全及技术注意事项：

- 提醒学生用电安全。
- 告诉学生不要触碰电路运行中的灯泡，以防烫伤。
- 电路不用时要断开。

实验方法：

教师准备工作：

准备学生测试电路所用的材料。

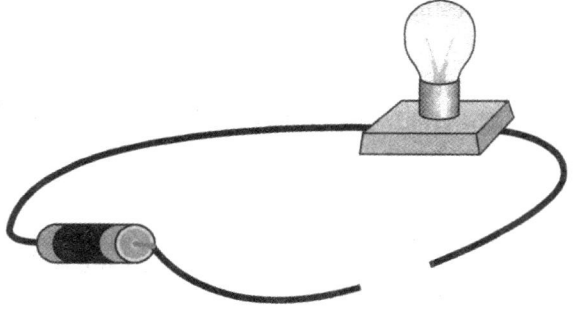

🎓 **学生任务：**

1. 组装一个包含一枚灯泡的简单串联线路，检查你的电路运行状态。

2. 在电路中留一个缺口，用于测试给定的材料，思考你怎样把物体连接到你的电路中。

3. 测试第一个物体，灯泡亮了吗？在你的结果表中记录结果。

4. 测试其他物体，完成结果表，把你使用的物体分成两类：导体（可以点亮灯泡的）和绝缘体（不能点亮灯泡的）。

EXPERIMENT 40

数据收集：

测试物体	物体的材质	导体还是绝缘体

差异化实验：

- **降低难度：** 学生们也许认为在提前做好的电路上做实验更容易，这样他们只需要专心于他们测试的材料。
- **提高难度：** 学生可以在实验前预测哪种材料是导体和绝缘体，或者他们可以选择他们自己的物体去测试。

备选问题：

- 什么物体是导体？它们有什么共同点？
- 什么物体是绝缘体？它们有什么共同点？
- 你认为为什么有些物体可以导电？

拓展任务：

学生可以看看怎样安全用电，以及当有人触电时，用一把木头扫把推开带电物体能起到什么作用。

实验41
最牢固的线

学习目标：

研究不同纤维的强度。

实验简介：

学生通过用不同纤维悬挂重物，直到纤维断裂，研究出哪种纤维最强。

前期知识准备：

完成这项任务，学生不需要任何相关知识。

科学背景知识：

纤维是一种细丝，大量的同种纤维能织成其他材料。纺织纤维是纤维的一种，也可以是天然的——比如棉花，或合成的（人造）——比如尼龙。纺织纤维可以分成两类：纱线是很多线纺在一起（比如毛线），线是由很多细长的线组成（比如丝绸）。如果尺寸相同，纺织纤维的强度可以很大。纤维的强度是由最大张力测试得出的，这也可以通过用纤维称重，直到断裂来得出结论。人造纤维的强度通常持久稳定，然而天然纤维会因纤维的材质不同而强度不同。

国家课程对接：

- **一年级课程：** 日常材料

——描述各种日常材料的基本物理属性。

——基于各种日常材料的基本物理属性，对其进行分类和比较。

- **二年级课程：** 日常材料的使用

——识别并比较各种日常材料的用途及其适用性，包括木头、金属、塑料、玻璃、砖、石、纸和硬纸板等。

EXPERIMENT 41

- **三年级课程**：力

——注意：有些力需要物体相互接触才能产生作用，但磁力可以隔着一定距离产生作用。

- **五年级课程**：物质的属性与变化

——根据硬度、溶解度、透明度、传导性（导电和导热）、磁性等物理属性，对日常材料进行比较和归类。

——对金属、木头、塑料等日常材料进行对比和公平测试，分析其用途并给出理由。

- **五年级课程**：力

——没有支撑的物体会掉落地面，这是因为在地球和物体之间存在重力作用。

所需材料：

- 一些不同种类的纤维，比如棉线、尼龙、毛线、丝绸、绳。
- 固定支座。
- 砝码。
- 有把手的桶。

⚠ 安全及技术注意事项：

- 把桶放到地上，避免损坏桌子。
- 在塑料桶下垫些东西，以防纤维断裂砝码掉落。
- 大多数纤维的强度非常大，可以悬挂很大重量，在线的末端系一个有把手的塑料桶，这样就可以添加更大的重量。

实验方法：

教师准备工作：

准备学生实验用的纤维，使所有纤维保持在至少20厘米的相同长度，这样当它们断裂后，不会从高处落下。

🎓 学生任务：

1. 把桶放到地上，确保你有足够的空间。

2. 首先选择你想要测试的纤维，用纤维的一端系在塑料桶的把手上，另一端系在固定支座上。

3. 在塑料桶下垫些东西，这样当纤维断裂可以保护地板。

4. 添加砝码，在塑料桶中一次放一个。再添加另一个砝码之前，稍等片刻，看看纤维是否会断裂。

5. 当纤维断裂时，计算塑料桶中砝码的重量，并且记录在你的结果表中。

6. 用其他纤维重复实验。

数据收集：

纤维种类	线断裂时承受的重量（克）

差异化实验：

- 降低难度：学生可以用已经准备好的固定支座和纤维，这样他们只需要在桶中添加砝码。
- 提高难度：学生可以研究线的其他性质，比如是否防水、弹性如何等。

备选问题：

- 哪种线可以承受的重量最大？你认为原因是什么？
- 哪种线可以承受的重量最小？你认为原因是什么？
- 除了强度以外，我们还想要线具有哪些其他性质？

拓展任务：

这项实验可以结合设计和技术课程，学生可以学习用毛线编织和用棉线缝纫这样的技能。

EXPERIMENT 42

学习目标：
为制作袋子选择最好的材料。

实验简介：
学生通过测试不同材料的强度研究出制作袋子的最佳材料。

前期知识准备：
做这项实验，学生要知道物体是由不同的材料构成的。

🔍 科学背景知识：
材料的物理性质之一就是它的抗撕裂强度，这关系到在材料断裂之前，可以施加多少力。不同的材料会因材料构成不同，抗撕裂强度也不同。纸是由纤维压制而成的，通常，把纸粘在一起，就会增加强度，因为纤维增多了。大多数塑料的抗撕裂强度都比纸强，当有力施加在塑料上时，它们会通过轻微的拉伸来防止断裂。纺织纤维有最强的抗撕裂强度，因为它们是由很多非常结实的纤维组合在一起的。

国家课程对接：

■ **二年级课程**：日常材料的使用

——识别并比较各种日常材料的用途及其适用性，包括木头、金属、塑料、玻璃、砖、石、纸和硬纸板等。

■ **五年级课程**：物质的属性与变化

——根据硬度、溶解度、透明度、传导性（导电和导热）、磁性等物理属性，对日常材料进行比较和归类。

——对金属、木头、塑料等日常材料进行对比和公平测试，分析其用途并给出理由。

所需材料：

- 一些测试用的材料，比如普通纸、糖纸、描图纸、包装纸、三明治包装纸、棉布。
- 小砝码。
- 重锤架。
- 固定支座（或者用透明胶带固定在桌子边缘）。

⚠ 安全及技术注意事项：

- 在砝码下垫些东西，确保材料断裂后砝码可以落在柔软的东西上。

实验方法：

教师准备工作：

为学生提供实验用的不同材料，你也许想要把它们裁成相同尺寸，或者让学生自己决定尺寸。

🎓 学生任务：

1. 把你想要测试的第一种材料固定在固定支座上，确保它是向下挂在上面。

2. 在材料上穿一个孔，把重锤器挂在上面，思考你要把重锤器挂在材料的什么位置（做一个简单测试）。

3. 每次在重锤器上添加一个砝码，添加每个砝码后稍等片刻，确保材料没有断裂。

4. 当材料完全断裂时，重锤器会下落，你可以在结果表中记录在材料断裂时，它所承受的重量是多少，你也许想用同样的材料再测试一次来取得平均值。

5. 用其他材料重复试验。

📊 数据收集：

测试材料	断裂时所承受的重量（克）			
	实验1	实验2	实验3	实验4

EXPERIMENT 42

差异化实验：

- **降低难度：** 学生可以做一个更简单的实验，在四本书之间放置一张A4纸，确保纸与桌子之间只有很短的距离，而且被书"包围"。可以将弹珠这样小重量的物体放在纸上，直到纸撕破，弹珠会掉进书之间，这样会很容易收集和计数。
- **提高难度：** 除了研究材料的性质，学生还可以研究其他内容，比如在材料断裂前可以加入多少滴水（是否会断裂）。

备选问题：

- 什么材料最适合/最不适合制作袋子？你是怎么知道的？
- 制作袋子的材料还需要具有什么重要的性质？
- 我们还可以做什么实验来测试某种材料是否最适合制作袋子？

拓展任务：

学生可以测试一些不同的袋子，比如普通塑料购物袋、生活塑料袋、生活布袋等，为每一种袋子列出优点和缺点。

实验43 保持干燥

学习目标：

研究某些材料是否防水。

实验简介：

学生通过在棉绒上缠绕不同的材料，然后浸泡在水中，研究出哪种材料可以使棉绒保持干燥。

前期知识准备：

完成这项任务，学生不需要任何相关知识。

科学背景知识：

防水材料是一种不透水的材料，材料中的分子排列得非常紧密，没有缝隙，以致水分无法渗透。如果一种材料完全防水，水就不会通过。一些防水材料不能让液体通过，但可以让水汽通过，比如防水面料，这些材料通常比不能透水和水汽的材料穿在身上更舒服。比如尼龙，不能透水和水汽，这意味着汗不能穿过材料，因此是不能"呼吸"的衣服，这就是为什么穿尼龙衣服会感觉很热。不仅固体如此，某些液体也是防水的，比如油，油不能透水。

国家课程对接：

■ **一年级课程**：日常材料

——描述各种日常材料的基本物理属性。

■ **二年级课程**：日常材料的使用

——识别并比较各种日常材料的用途及其适用性，包括木头、金属、塑料、玻璃、砖、石、纸和硬纸板等。

EXPERIMENT 43

- **五年级课程**：物质的属性与变化
——对金属、木头、塑料等日常材料进行对比和公平测试，分析其用途并给出理由。

所需材料：

- 一些测试材料，比如保鲜膜、报纸、三明治包装、卫生纸、烘烤纸、食品薄膜、糖纸等。
- 棉花球。
- 量筒。
- 烧杯。
- 水。
- 计时器。
- 橡皮筋。
- 纸巾。

⚠ **安全及技术注意事项：**

- 这是一个等量测试，所以学生需要考虑保持等量还需要什么因素。
- 提醒学生在撕开棉花时手要保持干燥。

实验方法：

教师准备工作：

为学生准备测试的材料，尽可能让它们尺寸相同。

🎓 **学生任务：**

1. 用量筒量取定量的水，添加到每个烧杯中。

2. 把你要测试的不同材料缠绕在棉花球上，你也许需要用橡皮筋把材料固定在合适的位置。

3. 把棉花球放进烧杯，同时开始计时，把棉花球留在水中，设置结束时间。

4. 时间结束后，把棉花球从烧杯中取出放到纸巾上。

5. 擦干手，小心解开每个棉花球，棉花球是干的还是湿的？在结果表中记录结果。

数据收集：

材　料	湿棉花球	干棉花球

差异化实验：

- **降低难度**：学生可以把材料缠绕在棉花棒上，然后浸泡在水中。
- **提高难度**：学生可以自己选择实验材料，包括液体——比如凡士林和油漆。用这样的材料时，需要撕开棉花来检验里面是否干燥。

备选问题：

- 哪种材料可以保持棉花干燥？你认为原因是什么？
- 哪种材料会使棉花变湿？你认为原因是什么？
- 要让某些东西防水，我们还需要材料具备哪些性质？

拓展任务：

学生可以研究湿式防寒衣和干式防寒衣，包括它们的相似点和不同点，它们是由什么材料制成的，以及它们怎样发挥作用。

EXPERIMENT 44

实验44
晾干湿物

学习目标：

研究晾干湿物的最佳条件是什么。

实验简介：

学生研究使晾衣绳上的衣物更快晾干的因素，包括风、温度和表面积。

前期知识准备：

学生要知道水会蒸发到空气中。

🔍 科学背景知识：

湿衣服变干是由于蒸发，蒸发是液体变成气体，这一现象与沸腾的水很相似，但是有几个主要的区别。蒸发只发生在液体表面，然而沸腾是液体内外都会发生。

这是因为表面的水分子只会被下面的水分子顶起，蒸发发生在任何温度下；但是沸腾只发生在液体达到沸点的情况下，比如水的沸点是100摄氏度。

蒸发的速度会随着温度的上升而加快，这是因为分子会拥有更多的动能离开液体。其他的因素也可以影响蒸发速度，如果有风，被蒸发的水分子会被"吹走"，同时新的空气会与水接触（空气只能包含一定量的水），因此蒸发速度更快。如果空气是"干燥的"，也就是不湿润，蒸发速度也会加快（这也是因为空气只能包含定量的水）。

国家课程对接：

■ 一年级课程：季节变化

——观察并描述四季的天气以及昼长变化。

■ 四年级课程：物质的形态

——结合温度与蒸发速度，认识水循环中的蒸发和冷凝。

实验44

■ **五年级课程：** 物质的形态与变化

——演示溶解、混合，以及物质的形态变化是可逆的。

所需材料：

- 布——最好是纯棉布。
- 晾衣绳。
- 衣夹。
- 碗。
- 水。
- 电扇或有凉风的吹风机。
- 计时器。

⚠ 安全及技术注意事项：

- 如果学生没有人来监督，应当由教师来操作电扇和吹风机。

实验方法：

教师准备工作：

把布裁成边长为5厘米的正方形，把晾衣绳裁成需要的长度，这取决于要挂几块布，但最好保持在30厘米左右。选择一个凉的地方和一个热的地方来进行温度测试，比如冰箱或冷藏室、阴暗的碗橱以及散热器旁边。你可以让学生分组来研究不同的影响因素，学生可以自由选择。

🎓 **学生任务：**

1. 这是一个等量测试，考虑什么需要保持定量，什么需要测量，以及什么需要改变。

2. 选好一个地方把晾衣绳系在高处。

3. 把方布放进盛有水的碗里浸湿，挤出多余的水。

4. 用衣夹把方布挂在晾衣绳上，如果你研究的是风的影响，现在你需要使用风扇和吹风机。

5. 挂好方布后，设置好计时器。

6. 检验方布，它们干到了什么程度。

EXPERIMENT 44

📋 数据收集：

学生可以设计一个定性评定量表来记录方布晾干的程度，比如1~10的衡量范围。他们可以使用这些数字来比较实验中的方布。

差异化实验：

- **降低难度**：学生也许认为以小组的形式来研究某种条件更容易——比如温暖、热、冷、有风——然后一起研究不同的结果。
- **提高难度**：学生可以做一个系统的试验，比如设置一些不同的温度，研究温度对蒸发的影响，或者设置不同时间的"风"，研究风的影响。

备选问题：

- 在哪种条件下，方布干得最快？你认为这是为什么？
- 在哪种条件下，方布干得最慢？你认为这是为什么？
- 什么样的天气最适合在外面晾衣服？

拓展任务：

学生可以研究什么是湿度，不同国家的湿度以及湿度的作用。

实验45
土壤样本比较

学习目标：

研究不同土壤样本的特征。

实验简介：

学生通过观察不同种类土壤的物理性质、pH值，以及多少水可以渗透土壤，从而研究它们的特点。

前期知识准备：

学生要知道植物可以在土壤中生长，以及植物生长需要水。

科学背景知识：

土壤是由岩石经风化分解而形成的，土壤可以因其组成岩石以及有机物的类型和比率不同而不同。一般土壤被分为以下几种：

- 沙土：沙粒含量很高，通常很干燥，排水迅速。
- 黏土：黏土颗粒含量很高，通常很密集、潮湿，并聚集在一起，不能排水。
- 壤土：沙土和黏土的混合，这样的土壤可以让水流通，也可以保留水，壤土通常被认为是最好的一种土壤。

土壤的pH值会因矿物的密度和其他因素（比如酸雨）而改变，有些植物适合在酸性土壤中生长（比如毛地黄和欧石南），而有些植物适合生长在碱性土壤中（比如卷心菜和花椰菜）。

国家课程对接：

- 二年级课程：植物

——了解并描述植物为什么需要水分、光照以及适宜温度才能生长和保持健康。

EXPERIMENT 45

- **三年级课程：植物**
——了解植物生存和生长所需的条件（空气、光照、水分、土壤中的养分和生长空间），以及不同植物的需求有何差别。
- **四年级课程：岩石**
——了解土壤是由岩石和有机物质形成的。

所需材料：

- 沙子和陶土来作比较
- 不同土壤的样本——这些可以在学校周围采集，如果学校周围的种类不够多，可以提前准备，比如合规格的灰泥，或者混合不同数量的沙土、黏土或壤土。
- 放大镜。
- 漏斗。
- 计时器。
- 量筒。
- 滤纸。
- 土壤pH值测试装置（可以从园艺中心借用）。
- 烧杯。
- 水。

⚠ **安全及技术注意事项：**

- 试验后学生要洗手。
- 如果你想让学生自己收集土壤样本，确保有人监督，并且使用合适的工具来采集土壤，比如泥铲和烧杯。
- 使用土壤pH值测试装置测试土壤时要有指导说明。

实验方法：

教师准备工作：

　　如果学生没有自己准备土壤，教师来准备，并且让土壤样本不同，可以添加沙土、黏土或壤土，柠檬汁会使土壤变酸。

🎓 **学生任务：**

　　1. 仔细观察你的第一个土壤样本，可以使用放大镜，你可以看到什么？土壤中的粒子是什么样的？你看到的是什么颜色？记录下你观察到的。

　　2. 从样本中取出一些土壤，放在手中，有什么感觉？他们是黏在一起的还是分开的？用手指搓一下，它是粒状的还是平滑的？

　　3. 用量筒量取100ml的土壤样本，在烧杯上放置一个漏斗，然后折叠滤纸，老师会展示如何折叠滤纸。

4. 小心地把土壤倒进漏斗中，会掉进烧杯中一些，这个没有关系。

5. 用量筒量取25ml水，把水缓慢地倒在土壤上，同时开始计时。

6. 透过烧杯观察水在土壤中的流通情况，当所有的水都流到底部时，停止计时，在结果表中记录水流通所用的时间。如果水没有流通，就在记录表中记录"不流通"。

7. 测试样本中剩余土壤的pH值。老师会教你如何测试pH值，在结果表中记录结果。

8. 用其他土壤样本重复试验。

数据收集：

特 征	样本1	样本2	样本3
外 观			
质 地			
水流通			
pH值			

差异化实验：

- **降低难度**：学生可以分组合作，每组研究一种土壤，结果在结束时要合并，这会给学生更多的观察时间。

- **提高难度**：学生可以研究土壤样本的粒子大小，把土壤样本放进一个透明的塑料杯中，倒入一半水，轻摇烧杯，观察粒子是怎样分层的，大的粒子会沉在杯底，这可能会花费一小时。

备选问题：

- 土壤有什么不同？
- 你认为土壤的排水速度为什么会不同？
- 哪一种土壤最适合植物生长？你认为原因是什么？

拓展任务：

学生可以研究土壤是怎样形成的，他们也可以考虑pH值对土壤的影响，以及什么植物偏好酸性土壤，什么植物偏好碱性土壤。

EXPERIMENT 46

实验46
测试石头

学习目标：

观察不同的石头，找出它们的异同。

实验简介：

学生研究不同石头的特征，他们可以对比石头的质量、外观、纹理以及渗透性。

前期知识准备：

完成这项任务，学生不需要任何相关知识。

科学背景知识：

形成石头的方式有很多。火成岩——比如花岗岩，是由火山喷发的岩浆冷却凝固而成的，这些石头通常含有水晶，水晶的大小会因石头冷却的快慢而不同。沉积岩——比如砂岩，是由沉积物的运输形成的，比如河流和冰川，沉积物会在上层压紧实，同时挤出水并凝结在一起。变质岩是由一种石头在热力和压力的作用下转变成另一种石头，大理石就是由石灰岩转变而成的，不同的石头性质不同。

国家课程对接：

■ **一年级课程**：日常材料

——辨认各种日常材料，并说出名称，包括木头、塑料、玻璃、金属和石头。

——描述各种日常材料的基本物理属性。

■ **二年级课程**：日常材料的使用

——识别并比较各种日常材料的用途及其适用性，包括木头、金属、塑料、玻璃、砖、石、纸和硬纸板等。

> 实验46

- **三年级课程**：石头
——根据石头的外观和基本物理特点，比较不同种类的石头，并进行归类。
- **五年级课程**：物质的属性与变化
——根据硬度、溶解度、透明度、传导性（导电和导热）、磁性等物理属性，对日常材料进行比较和归类。

所需材料：

- 一些形态各异的石头。
- 手持放大镜或放大器。
- 烧杯或塑料罐。
- 纸巾。
- 滴管。
- 纸。

⚠ 安全及技术注意事项：

- 尽量使用容易识别的石头，这样学生们就能确切地知道他们在看什么。可以选用：砂岩、白垩岩、板岩、黑曜石、大理石以及花岗岩。

实验方法：

教师准备工作：

为学生准备一些不同种类的石头，供学生观察。

🎓 **学生任务：**

1. 仔细观察第一块石头，可以使用放大镜，你可以看到什么？表面看起来是什么样的？你可以看到什么颜色？在结果表中记录你观察到的。

2. 触摸石头，它是硬的、软的还是脆的？它是平滑的还是粗糙的？当你用手指摩擦石头表面时，发生了什么？在结果表中记录你观察到的。

3. 把石头放到一张纸巾上，在上面滴几滴水，观察水是否渗进石头里（如果水渗进石头说明石头有孔）或者水是否会留下石头（如果流下石头说明石头没有孔）。

4. 猜想石头会漂浮还是会下沉，把石头放进盛有水的烧杯中，在结果表中记录你观察到的现象。

EXPERIMENT 46

数据收集：

特征	石头1	石头2	石头3	石头4
外观				
质地				
渗透性				
漂浮还是下沉				

差异化实验：

- **降低难度：** 学生可以分组合作，每一组研究一种石头，在实验结束时将结果合并，这会给学生更多的观察时间。
- **提高难度：** 学生可以称量石头来做一个关于石头渗透率的系统试验，把石头放进盛有水的烧杯中，设定一定的时间，然后称量石头，看看它吸收了多少水。

备选问题：

- 不同的石头有什么不同？
- 你认为为什么有些石头可以渗透水，而有些不能渗透？
- 哪种石头最适合建造室外的雕塑？你为什么这样认为？

拓展任务：

学生可以根据不同石头的属性，来考虑它们最适合的用途。比如，花岗岩通常用作厨房台面，因为它们牢固坚硬，而且具有装饰性，同时它也很贵。

实验47
酸 雨

学习目标：

研究酸雨的影响。

实验简介：

学生自己制作酸雨，测试它对石块的影响。

前期知识准备：

学生要知道污染可能导致酸雨。

🔍 科学背景知识：

酸雨是由大气中的某些气体溶于水而形成的。一般形成酸雨的气体是二氧化碳、二氧化硫和二氧化氮，这些气体都是化石燃料燃烧后产生的（比如发电厂）或者汽车尾气。雨通常呈弱酸性，但是气体会增加雨的酸性程度，同时会损坏物体和生物体。酸雨会导致石块化学风蚀，石块会因酸雨而遭到损坏，白垩岩和石灰岩这样的石块比花岗岩和大理石这样的石块更容易受到酸雨的影响。酸雨也会增加土壤、湖泊、河流和池塘的酸性，从而影响生物体。

国家课程对接：

■ **一年级课程：** 季节变化

——观察并描述四季的天气以及昼长变化。

■ **三年级课程：** 石头

——根据石头的外观和基本物理特点，比较不同种类的石头，并进行归类。

■ **五年级课程：** 物质的属性与变化

——解释有些物质发生变化后会生成新物质（这种改变通常是不可逆的），这些变化包括燃烧反应和酸碱反应等。

EXPERIMENT 47

所需材料：

- 量筒。
- 白醋或柠檬汁。
- 小烧杯或塑料罐。
- 滴管。
- 一些石块，包括白垩岩、石灰岩、砂岩、板岩、花岗岩和大理石。
- 放大镜。
- 纸巾或白瓷砖。

⚠ 安全及技术注意事项：

- 提醒学生不要喝白醋或柠檬汁。

实验方法：

教师准备工作：

如果可以，你可以自己制作"酸雨"，你可以在实验结束后做演示。

🎓 学生任务：

1. 制作"酸雨"，用量筒量取5ml水，倒进一个烧杯中，在水中加入五滴白醋或柠檬汁，这就是你自己的酸雨。

2. 仔细观察你的第一块石块，使用放大镜近距离观察，它看起来是什么样的？感觉像什么？在你的结果表中记录结果。

3. 用滴管在石块上滴几滴酸雨，你看到，听到了什么？在结果表中记录结果。

4. 酸雨后，再次观察演示，它看起来是什么样的？感觉像什么？在结果表中记录结果。

5. 用其他石块重复试验。

📊 数据收集：

石块的种类	观察		
	加入酸雨前	加入酸雨时	加入酸雨后

差异化实验：

- **降低难度：** 学生可以分组研究石块，让他们观察更多细节。
- **提高难度：** 学生可以添加不等量的白醋或柠檬汁制作不同的"酸雨"，研究酸性不同的酸雨的影响。

备选问题：

- 当你把酸雨添加到不同的石块上时发生了什么？你认为这是为什么？
- 你认为酸雨的酸性强或弱有什么影响？
- 除了石块以外，酸雨还会对哪些物质有损害？

拓展任务：

学生可以通过用酸雨和水种植红花菜豆，研究酸雨对生物体的影响。

EXPERIMENT 48

实验48 冰块挑战

学习目标：

研究教室里最适合存放冰块的地方。

实验简介：

学生把冰块放到教室的不同地方，看看它们的融化速度。

前期知识准备：

学生要知道冰会融化成水。

🔍 科学背景知识：

水会在0摄氏度凝成冰。随着水的温度降低，水分子的活动能量（动能）也会减少。因为分子会减少移动，所以更容易凝结在一起，这也是水结冰会膨胀的原因，而其他物质会收缩，这些连接会使冰形成典型结晶结构，同时会占用比液体水更多的空间。当冰遇暖，分子会震动得越来越剧烈，最终，这些震动会越来越强烈，直到使连接断裂，然后冰融化。有些因素会使冰融化加快或减慢，用像聚苯乙烯这样的材料包围冰有助于减少转移到冰的热能，从而减慢冰融化的速度。

国家课程对接：

■ 一年级课程：日常材料

——描述各种日常材料的基本物理属性。

■ 四年级课程：物质的形态

——比较物质的形态，把物质按固体、液体或气体进行分类。

——观察有些物质在加热或降温时形态会发生怎样的变化，测量或研究形态变化时的温度（℃）。

> 实验48

- **五年级课程**：物质的形态与变化

——演示溶解、混合，以及物质的形态改变是可逆的。

所需材料：
- 冰块。
- 放大镜。
- 纸巾。

⚠️ **安全及技术注意事项：**
- 确保不要把冰块放在靠近电源的地方。

实验方法：

教师准备工作：

为实验准备足够的冰块。

🎓 **学生任务：**

1. 仔细观察冰块，它看起来是什么样的？感觉是什么样的？将你观察到的记录下来。

2. 选择你想要放置冰的地方，选择几处你认为温暖和凉爽的地方。

3. 把冰块放到你选定的地方，要把冰块放到纸巾上。

4. 一分钟后来观察冰块，记录下你所观察到的。

5. 每隔一段时间观察一次冰块，并记录下你所观察到的，哪里的冰块最先融化？

数据收集：

放置冰块的地方	观察结果			
	1分钟后	5分钟后	10分钟后	20分钟后

差异化实验：

- **降低难度**：鼓励学生考虑教室里哪些地方更温暖，哪些地方更凉爽，要开一扇窗，还是关窗。

EXPERIMENT 48

- **提高难度**：学生可以在室外的一些地方放置冰块，可以用土或树叶等来覆盖它们。

备选问题：

- 放置在哪里的冰块融化得最快？你认为它们为什么融化得这么快？
- 放置在哪里的冰块融化得最慢？你认为它们为什么融化得这么慢？
- 我们可以从中得知，教室的温度是怎样的？

拓展任务：

学生可以观察隔离的冰块，比如用泡沫包装缠绕，或者放进聚苯乙烯中。

实验49
水去哪儿了

学习目标：

研究当我们把水倒在不同地方时会发生什么。

实验简介：

学生通过把盛有水的烧杯放到不同的地方来研究蒸发，观察会发生什么。

前期知识准备：

完成这项任务，学生不需要任何相关知识。

🔍 科学背景知识：

蒸发是液体变成气体，这一现象与沸腾的水很相似，但有几个主要的区别。蒸发只发生在液体表面，然而沸腾会发生在液体内部和表面。蒸发可以发生在任何温度，但温度越高蒸发越快，这是因为分子会拥有更多的动能离开液体。其他的因素也可以影响蒸发速度，液体的表面越大，蒸发速度越快，这是因为蒸发只发生在液体表面。如果空气吹过水面，比如风或用风扇，蒸发会更快，因为被蒸发的水分子会被"吹走"，同时新的空气会与水接触（空气只能包含一定量的水），因此蒸发速度更快。如果空气是"干燥的"，也就是不湿润，蒸发速度也会加快（这也是因为空气只能包含定量的水）。

国家课程对接：

■ 四年级课程：物质的形态

——结合温度与蒸发速度，认识水循环中的蒸发和冷凝。

■ 五年级课程：物质的形态与变化

——运用固体、液体和气体的知识判断如何通过过滤、筛分和蒸发的方法来分离混合物。

EXPERIMENT 49

所需材料：
- 塑料烧杯。
- 记号笔。
- 量筒。
- 纸巾。
- 水。

⚠ 安全及技术注意事项：
- 用塑料烧杯实验。
- 确保烧杯远离电源。

实验方法：

教师准备工作：

为烧杯准备一个较凉和一个较热的地方，冰箱和散热器是不错的选择。

学生任务：

1. 用量筒量取定量的水，倒进每个烧杯中。
2. 用记号笔在烧杯上标注开始的位置。
3. 选择你想要放置烧杯的地方，在室外放置一个，在一个比较凉的地方放置一个，在一个比较热的地方放置一个，确保把烧杯放在纸巾上。
4. 每天观察一次烧杯，用记号笔标注每一次的位置。

数据收集：

学生每天为烧杯拍一张照片，用这些照片来记录水蒸发的速度。

差异化实验：

- **降低难度：** 学生也许需要帮助选择适合的地方放置烧杯。
- **提高难度：** 学生可以在实验开始时溶解一些盐，看看当所有水蒸发后是否会得到等量的盐。

备选问题：

- 什么地方的水蒸发得最快？你认为原因是什么？
- 什么地方的水蒸发得最慢？你认为原因是什么？
- 还有什么因素会影响水蒸发的速度？

拓展任务：

学生可以使用同样的实验方法研究不同液体的蒸发速度是否相同，比如茶、浓果汁、淡果汁。

实验50
制作化石

学习目标：

自己制作化石。

实验简介：

学生用橡皮泥和石膏制作一个化石模型。

前期知识准备：

学生要知道什么是化石。

科学背景知识：

化石是先前的生物体长期保存下来的结果。化石可以是植物的也可以是动物的，可以非常小（比如岩石上的一片叶子的印痕），或者非常大（比如恐龙骨骼）。生物体中最坚硬的部分会存留下来变成化石，比如骨骼和外骨，柔软的组织通常会随着时间而损坏或是被其他生物体吃掉。化石可以由很多种方式形成，包括有机体燃烧或有机体矿化。在岩石上形成印痕的化石叫作印痕化石，这种图像是由死去的生物体留下的一种印象或者是由活着的生物体留下的一种印痕，比如脚印。印痕化石不包含生物体上的任何物质，它们只是简单的压痕。通过研究地球上不同时期生物体的化石，我们可以知道地球上的生命进化。

国家课程对接：

- **三年级课程**：岩石

——简单描述生物体是怎样陷入岩石变成化石的。

- **六年级课程**：进化和遗传

——认识生物会随着时间发生改变，化石可以提供地球上几百万年前生物的信息。

EXPERIMENT 50

所需材料：

- 石膏。
- 小塑料杯。
- 建模工具或调酒棒。
- 化石的图片。
- 贝壳（可选）。

⚠️ **安全及技术注意事项：**

- 在制作石膏时不要让学生把手指放进其中，这是一个放热反应（释放热量），会导致严重灼伤。
- 不要把石膏倒进水槽，待它凝固后扔掉。
- 最好让你的化石晾一整晚。
- 监督学生使用调酒棒。

实验方法：

教师准备工作：

如果使用贝壳，确保它们干净、干燥。

🎓 **学生任务：**

1. 取一小块橡皮泥，把它平铺，确保表面光滑平坦，并且大小合适放进塑料杯。
2. 用建模工具或调酒棒在橡皮泥上设计出你的化石，确保不要穿透橡皮泥。
3. 设计好后，把你的化石面朝上放入塑料杯。
4. 小心把石膏倒入杯中，直到覆盖化石。
5. 把化石放到一个安全的地方，晾一整晚。
6. 化石干燥后，小心地去掉塑料杯（你也许需要剪子），取出你的化石！
7. 你可以给化石上些颜色。

📊 **数据收集：**

学生可以为他们的化石拍照，也可以制作或装饰其他物品，比如项链或挂饰。

差异化实验：

- **降低难度：** 学生可以把贝壳按进橡皮泥做一个印痕。
- **提高难度：** 可以鼓励学生制作更大更复杂的化石，比如菊石化石。

备选问题：
- 怎样才能让你的化石更像一个真正的化石？
- 为什么你的化石与真正的化石不同？
- 我们在世界的哪些地方可以找到真正的化石？

拓展任务：

如果可能，学生可以观察化石，这可能需要结合艺术课，学生结合化石制作艺术品。

EXPERIMENT 51

― 实验51 ―
你的磁铁磁力有多强

学习目标：

研究不同磁铁的磁力。

实验简介：

学生通过观察不同磁铁吸起的回形针数量来研究磁力的强弱。

前期知识准备：

学生要知道什么是磁铁，并且了解它们可以吸起磁性材料。

科学背景知识：

磁铁可以吸引磁性材料，不同材料的磁铁以及被磁化的程度都会使磁铁的磁力不同，这两种因素会影响磁铁周围的磁场强度。磁场可以对磁性材料产生一种力，把磁性物体拉或"吸引"向磁铁。如果一种物体具有磁性，意味着它是由磁性材料制成的，但是没有磁化，比如铁、钴、镍和钢都是由磁性材料制成的。磁铁有很多种形状，包括条形磁铁、马蹄形磁铁和盘形磁铁等。

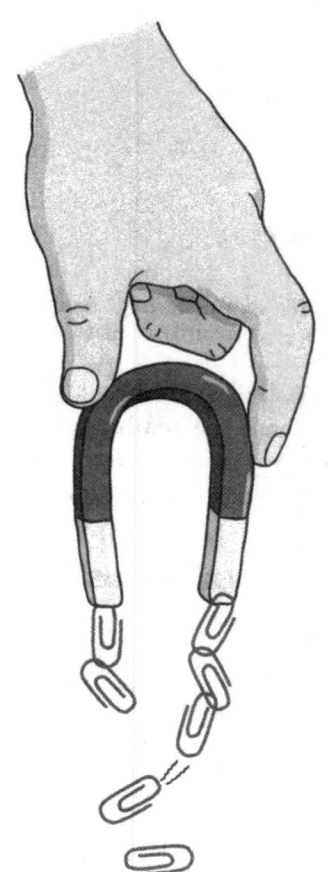

国家课程对接：

■ **三年级课程**：力与磁

——观察磁铁如何相互吸引或排斥，以及如何吸引或排斥其他物质。

所需材料：

- 一些不同的磁铁包括条形磁铁和马蹄形磁铁。
- 回形针

⚠ 安全及技术注意事项：

- 避免使用特别小的或者盘形磁体，因为这些不适合低龄儿童使用。

实验方法：

教师准备工作：

为学生准备一些实验用的不同磁铁，给每个组分一小罐回形针。

🎓 学生任务：

1. 选择你想要测试的一块磁铁。
2. 猜想磁铁会吸引多少个回形针，然后缓慢地提起它。
3. 把磁铁的各极都放进回形针罐子里，然后缓慢提起。
4. 数数磁石共吸起了多少个回形针，在结果表中记录结果。
5. 用其他磁铁重复试验。

数据收集：

磁铁的种类和大小	磁铁吸起的回形针数量猜测	磁铁吸起的回形针实际数量

差异化实验：

- **降低难度**：学生可以在结果表中画出磁铁。
- **提高难度**：学生可以做一个更系统的试验，在磁铁的各极逐个添加回形针，直到不能再添加。

备选问题：

- 哪种磁铁的磁力最强/最弱？你是怎么知道的？
- 所有的条形/马蹄形磁铁都有相同的磁力吗？你认为原因是什么？
- 所有大/小磁铁都有相同的磁力吗？你认为原因是什么？

EXPERIMENT 51

拓展任务：

实验后，可以玩一个磁铁游戏。学生可以研究不同磁铁的性质，并在这些磁体的基础上创立一个游戏。比如钓鱼游戏，用一个骰子决定磁铁要钓起几条"鱼"（回形针）。

实验52

实验52
制作电磁体

学习目标：

制作一个简单的电磁体，并测试强度。

实验简介：

学生制作一个简单的电磁体，研究电磁体的强度以及怎样增加强度。

前期知识准备：

学生要知道什么是磁铁，并了解它们可以吸起磁性材料，他们也要知道怎样组装简单电路。

🔍 科学背景知识：

电磁体是按照下列原理运行的：如果电流在线路中流通，电线的周围就会产生磁场，磁场会依次磁化电磁体中的金属，使金属暂时具有磁性。电磁体是暂时的磁体，因为一旦切断电流，磁场就不存在了，金属也就失去磁性了。有三种方式可以增强电磁体的磁力，这三种方法是：添加一个铁芯（通常用一个铁钉），缠绕更多的线圈，或者增加电流。

国家课程对接：

- **三年级课程**：力与磁

——观察磁铁如何相互吸引或排斥，以及如何吸引或排斥其他物质。

所需材料：

- 大铁钉。
- 长绝缘线（大约30厘米）。
- 鳄鱼夹和导线。
- 电源或电池。

EXPERIMENT 52

- 回形针。

⚠ **安全及技术注意事项：**

- 在电磁体的使用过程中铁钉会变热，指导学生不要触碰铁钉。
- 电磁体不用时要关闭。
- 用电源代替电池会使电磁体磁力更强。
- 材料可以从以下网站购买（www.betterequipped.uk和www.hope-education.co.uk）。
- 电路符号请见附录。

实验方法：

教师准备工作：

确保绝缘线两端裸露的长度大约3厘米，年龄大一些或经验较丰富的学生可以自己使用钢丝钳。

🎓 **学生任务：**

1. 留出电线裸露的两端，尽可能多的把电线缠绕在铁钉上，但不要重叠。
2. 把电线的两端连接到电源或电池的两极。
3. 在铁钉的末端放置一枚回形针，看看它会不会被吸走。
4. 现在关闭电源或把电线从电池上移开，回形针发生了怎样的变化？
5. 在铁钉上缠绕不同的圈数，进行反复试验。记录不同的圈数，你的电磁体可以吸起多少枚回形针。记住在你不用电磁体时，要把它关掉。

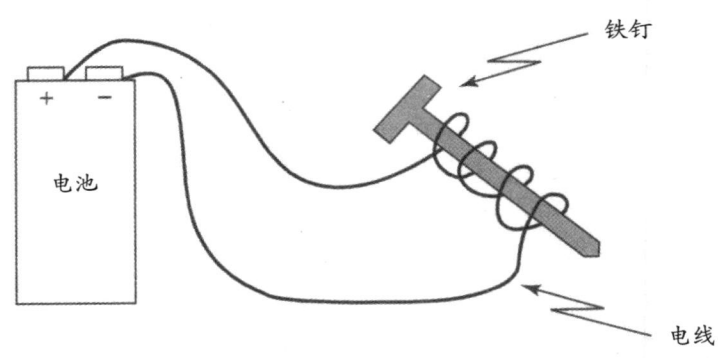

> 实验52

数据收集：

圈数	回形针枚数

差异化实验：

- **降低难度**：为了不让电线在铁钉上重叠，以免影响电磁体的运行，学生可能需要你帮忙缠绕电线。
- **提高难度**：学生可能会使用电源和电池，研究不同的电流对电磁体的影响。

备选问题：

- 当你缠绕较多圈电线时，你的电磁体的强度发生了怎样的变化？你从记录中能够得出什么样的结论？
- 你认为我们为什么要将电线的两端裸露在外？
- 当切断电流时，为什么电磁体会停止运行？

拓展任务：

学生可以研究生活中随处发现的电磁体，比如发动机、扬声器、废品站、磁悬浮列车等。

EXPERIMENT 53

实验53
我们来做一个开关吧

学习目标：
为一条电路设计并制作一个开关。

实验简介：
让学生设计出一套简单串联电路开关的最佳方案。

前期知识准备：
学生应能够组装一个简单的串联电路。

科学背景知识：

电子的流动产生电流，一条电路可以将所有电力组件连接，这一连接可以使电流通过。所有的电路都需要一个动力源，通常由电池组成（两个或多个电池来构成一个蓄电池）。为了能让电流流通，就必须要有一条"完整"的电路，没有缺口或断开。当开关断开或"打开"时，电流就不能在电路里流通，因此电路就不再运行。当开关接通或"闭合"时，电路会再次连通，电流就可以在电路中流动了。开关的类型有很多种，取决于你用在什么地方，比如，按动开关（用于控制灯）、倾斜开关（用于控制加热器）以及脚踏开关（用于控制缝纫机）。

国家课程对接：

■ **四年级课程：** 电

——组装简单的串联线路，认识基本的电路元件并说出名称，包括电源、导线、灯泡、开关和蜂鸣器。

■ **五年级课程：** 电

——根据硬度、溶解度、透明度、传导性（导电和导热）、磁性等物理属性，对日常材料进行比较和归类。

——对金属、木头、塑料等日常材料进行对比和公平测试，分析其用途及原因。

■ **六年级课程**：电

——比较各种电路元件的不同功能并分析原因，包括灯泡的亮度、蜂鸣器的音量以及开关的开合。

——用已知的电路符号画出一条简单电路图。

所需材料：

- 电池。
- 电线。
- 灯泡或蜂鸣器。
- 开关的材料选择，比如正方型的小塑料片（边长大约3厘米）、回形针、图钉、纸板、橡胶、石墨铅笔、小塑料管、金属球等。

⚠ **安全及技术注意事项：**

- 提醒学生用电安全。
- 告诉学生不要触碰电路运行中的灯泡，以防烫伤。
- 电路不用时要断开。
- 材料可以从以下网站购买（www.betterequipped.uk和www.hope-education.co.uk）。
- 电路符号请见附录。

实验方法：

教师准备工作：

你可能需要在学生动手之前自己先做一个开关展示给学生，可以用透明胶带纸把两个正方型塑料片的一边粘合，做一个简单的开关，然后在两个塑料片上分别固定一枚回形针或图钉。当两个塑料片合并时，回形针或图钉可以互相接触，开关的状态就是"开"。另一种开关是倾斜开关，可以用一个小塑料盒（类似磁带盒），在里面放一颗金属球，然后把图钉按进盖子里。当塑料盒倾斜时，小球就会碰触图钉，开关的状态为"开"。

🎓 **学生任务：**

1. 制作一个简单的串联电路，并为你的开关留一个缺口。

EXPERIMENT 53

2. 看看你可以选择的材料，为你的开关画一个草图，如果你对自己的设计满意，就可以开始动手制作你的开关了，做好后把它放到你的电路中检验一下。

3. 考虑一下是否需要对你的开关进行调整或改善，并重新检验。

数据收集：

学生可以使用电路符号来画一幅电路图，也可以给电路拍张照片。

差异化实验：

- **降低难度**：学生也许会觉得按照样本来做更容易些。
- **提高难度**：学生也许会尝试制作不同类型的开关，比如倾斜开关和按动开关。

备选问题：

- 你设计了哪种开关？你为什么选择它？
- 你的开关是怎样操作的？
- 你有什么方法可以改善你的开关设计呢？

拓展任务：

这项试验可以联系设计和技术课程，学生可以设计并制作一个包含开关的装置，比如一个电池手电筒。

实验54
水果电池

学习目标：

用水果制作一个电池。

实验简介：

学生研究怎样用水果在电路中制作电池，怎样通过增加水果或电极来增强电流。

前期知识准备：

学生要知道什么是电路，怎样制作一个基本电路。

🔍 科学背景知识：

一个普通电池的发电原理就是两种不同金属在酸性溶液中发生了化学反应，水果电池也是同样的原理。水果显酸性（这就是为什么实验最好选用酸性水果，如柠檬和酸橙），镀锌的钉子和硬币是两种不同的金属，这些金属称为"电极"。当电路接通时，电流就会通过水果的汁液（电解质）从硬币流向钉子。虽然电流很弱，但是可以供给一个小的电力组件，比如一个LED灯（发光二极管）。一个电路中可以使用多个水果，这样可以使电流增强。

国家课程对接：

■ **四年级课程**：电

——组装简单的串联线路，认识基本的电路元件并说出名称，包括电源、导线、灯泡、开关和蜂鸣器。

■ **六年级课程**：电

——电路中电池的数量与电压、灯泡的亮度、蜂鸣器的音量之间的联系。

所需材料：

■ 柠檬或酸橙（或组合在一起）——每组四个。

EXPERIMENT 54

- 电线。
- 电流表或低功率LED灯。
- 硬币。
- 镀锌的钉子。
- 数码相机（可选）。

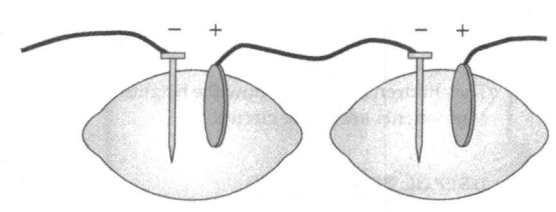

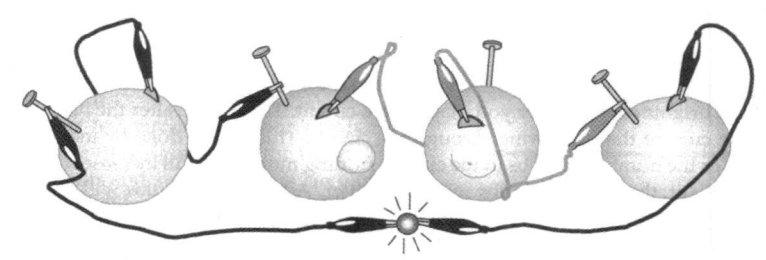

⚠ 安全及技术注意事项：

- 告诉你的学生不要吃掉实验用的水果。
- 不要让硬币和钉子在水果中接触。
- 增加水果或电极（硬币和钉子），电流会增强。
- 材料可以从以下网站购买（www.betterequipped.uk和www.hope-education.co.uk）。
- 电路符号请见附录。

实验方法：

教师准备工作：

  在柠檬/酸橙上切开一条缝，可以用硬币插入。硬币要插入到柠檬/酸橙的一半深，钉子插在硬币的旁边（确保它们不会触碰）。如果你想让学生来做这些，要先考虑一下他们的年龄。

🎓 学生任务：

  1. 把硬币插入到你的柠檬或酸橙的切口中，插入到一半深，然后把钉子插在柠檬/酸橙的另一边，也插入到一半深（你的老师可能已经为你做好了这些工作），确保钉子和硬币不会接触。

  2. 按第一条方法操作其他柠檬或酸橙。

  3. 把其他柠檬或酸橙连接在一起，每一组线路都要连接一个硬币和一枚钉子。

4. 在电路的末端连接一个电流表或一个LED灯，看看会发生什么。

5. 每次去掉一个柠檬或酸橙，观察你的LED灯和电流表有什么变化。

数据收集：

学生可以把他们的电路画下来或者拍成照片。

差异化实验：

- **降低难度**：学生可能需要你帮忙组装电路，一定要确保每条线路都连接了一个硬币和一枚钉子。
- **提高难度**：学生可以研究在水果上增加电极的影响，可以在每个水果上再加一枚硬币和一枚钉子来进行研究。

备选问题：

- 连接我们的电路时，LED灯和电流表会有怎样的变化？
- 当你从你的电路中移走一个柠檬或酸橙时，会发生什么？你认为原因是什么？
- 你认为水果电池是提供电源的好办法吗？

拓展任务：

学生可以研究其他水果，比如苹果、香蕉会不会产生像柠檬和酸橙一样的效果。他们也可以使用土豆做实验，土豆富含磷酸，所以它也是一种很好的材料。

EXPERIMENT 55

实验55
较亮的灯泡

学习目标：

研究如何改变灯泡的亮度。

实验简介：

学生研究在串联电路中，灯泡的亮度是由哪些因素决定的。

前期知识准备：

学生要知道什么是电路，怎样组装一个简单电路。

科学背景知识：

在一个串联电路中，电流大小是处处相同的，这就意味着不管你把灯泡放置在电路的哪个位置，灯泡的亮度都是一样的。要改变灯泡的亮度就要改变电路中的电流大小，可以通过在电路中增加电池或灯泡来改变电流。增加电池会增强电流，因此灯泡会变亮。增加灯泡会减弱电流，因此灯泡会变暗。

国家课程对接：

■ **四年级课程：** 电

——组装简单的串联线路，认识基本的电路元件并说出名称，包括电源、导线、灯泡、开关和蜂鸣器。

■ **六年级课程：** 电

——电路中电池的数量与电压、灯泡亮度、蜂鸣器音量之间的联系。

所需材料：

■ 电池。

■ 电线和鳄鱼夹。

■ 一些灯泡。

实验55

⚠ 安全及技术注意事项：

- 提醒学生用电安全。
- 告诉学生不要触碰正在使用的灯泡，因为会发烫。
- 电路不用时要断开。
- 学生要是用功率相同的灯泡，确保它们的亮度相同。
- 材料可以从以下网站购买（www.betterequipped.uk和www.hope-education.co.uk）。
- 电路符号请见附录。

实验方法：

教师准备工作：

测试电力组件，确保它们都可以使用。

🎓 **学生任务：**

1. 用一个灯泡和一节电池串联成一条简单的串联电路，这就是你的比较电路。你可以将比较电路与你建好的测试电路中灯泡的发光程度进行比较，然后关闭你的比较电路。

2. 用一个灯泡和两节电池建立一个串联线路，这就是你的测试电路。

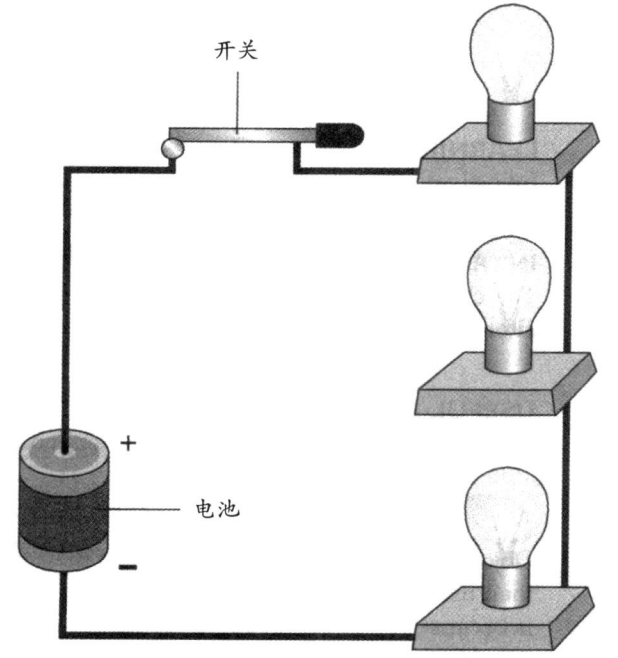

3. 打开测试电路和比较电路，对比灯泡的亮度，记录结果然后关闭电路。

4. 在测试电路中再添加一节电池，现在你的测试电路中应该有一个灯泡和三节电池。

5. 打开测试电路和比较电路，对比灯泡的亮度，记录结果然后关闭电路。

6. 从测试电路中取出两节电池并添加一个灯泡，现在你的测试电路中应该有两个灯泡和一节电池。

EXPERIMENT 55

7. 打开测试电路和比较电路，对比灯泡的亮度，记录结果然后关闭电路。
8. 在测试电路中再添加一个灯泡，现在测试电路中应该有三个灯泡和一节电池。
9. 打开测试电路和比较电路，对比灯泡的亮度，记录结果然后关闭电路。

数据收集：

电路	测试电路中灯泡的亮度	比较电路中灯泡的亮度
一个灯泡，两节电池		
一个灯泡，三节电池		
两个灯泡，一节电池		
三个灯泡，一节电池		

差异化实验：

- **降低难度**：学生可以使用做好的电路，这样他们只需要测试电路。学生可以给电路拍照片当作视觉记录，看看哪个电路中的灯泡更亮。
- **提高难度**：学生可以测试更多组合——比如两个灯泡和两节电池，三个灯泡和两节电池，设计组合来增加亮度。

备选问题：

- 哪种组合的灯泡最亮/最暗？你认为这是为什么？
- 你认为我们为什么要在实验中设置一个比较电路？
- 你认为我们只保留一个灯泡，不断添加电池会发生什么？

拓展任务：

学生可以研究关于电的安全问题（特别是在电路中有大量电流时），并制作安全海报、宣传单和短片。

实验56 沉浮

学习目标：

观察物体的沉浮。

实验简介：

学生观察物体在水中的沉浮，研究如何通过改变物体形状，使原来沉于水的物体能浮于水面。

前期知识准备：

学生应该对"力"有基本了解，包括"平衡力"的概念。

科学背景知识：

物体的沉浮取决于它们的密度。如果物体的密度小于水的密度，该物体浮于水；反之，则沉于水。物体沉于水是因为重力的下拉力大于水的上推力（力处于不平衡状态），水的这种"上推力"被称为"浮力"。如果物体浮于水，表明重力和浮力处于平衡状态。有些物体平时沉于水，但可以通过改变形状（从而改变密度），使它们浮于水。

国家课程对接：

- **一年级课程：** 日常材料

——描述各种日常材料的基本物理属性。

- **二年级课程：** 日常材料的使用

——识别并比较各种日常材料的用途及其适用性，包括木头、金属、塑料、玻璃、砖、石、纸和硬纸板等。

- **五年级课程：** 力

——没有支撑的物体会掉落地面，这是因为在地球和物体之间存在重力作用。

EXPERIMENT 56

——认识空气阻力、水的阻力和摩擦力在移动的物体表面之间的作用。

所需材料：

- 透明的大碗。
- 水。
- 用于沉浮实验的物体，包括：去皮的橘子、带皮的橘子、苹果、梨、橡皮泥、纸、曲别针和吸管。
- 擀面杖（可选）。

⚠ 安全及技术注意事项：

- 因为要用水，请确保周围没有电器设备。
- 带皮的橘子通常浮于水，而去皮的橘子则通常沉于水，这是因为橘皮和果肉之间存在一层密封的空气。教师最好提前准备带皮橘子和去皮橘子（能达到上述效果的）用于展示，以防学生的橘子不能达到预期的沉浮效果。

实验方法：

教师准备工作：

准备好所有的实验物品，并向水槽注水。

🎓 学生任务：

实验一：

1. 挑出你想试验的第一件物品，预测它的沉浮，记录在实验结果表里。
2. 把物体放进水中，观察它沉还是浮，记录结果。
3. 按上述步骤实验其他物品。

实验二：

1. 取一些橡皮泥并搓成球。
2. 预测橡皮泥球沉还是浮，记录在实验结果表里。
3. 把橡皮泥球放进水中，观察它沉还是浮，记录结果。
4. 现在，把橡皮球尽量压扁，你可以使用擀面杖。
5. 预测扁平状的橡皮泥沉还是浮，记录在实验结果表里。
6. 把橡皮泥放进水中进行沉浮实验，把预测和实际情况都记录在实验表里。

📊 数据收集：

物 品	我的预测：沉还是浮	实验结果：沉还是浮

橡皮泥的形状	我的预测：沉还是浮	实验结果：沉还是浮

差异化实验：

- **降低难度**：事先准备好捏成各种形状的橡皮泥，以便学生直接预测结果和实验。
- **提高难度**：学生可以观察物体的体积对沉浮有无影响，把物体放入装好水的量杯，通过观测排水量可以得出物体的体积。

备选问题：

- 哪些物体沉于水/浮于水？你认为原因是什么？
- 哪些形状的橡皮泥能浮于水？你认为原因是什么？
- 沉于水/浮于水的物品有什么共同点？

拓展任务：

学生用不同材料做成不同形状的小船，观察哪些船最容易漂浮在水面。

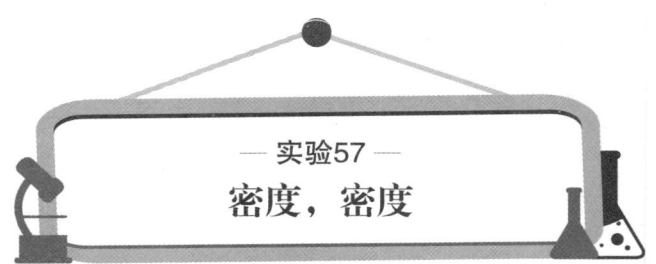

实验57
密度，密度

学习目标：

研究不同液体的密度。

实验简介：

学生把不同密度的液体分层倒入烧杯，观察哪些物品浮在哪一层。

前期知识准备：

学生应该对"力"有基本的了解，包括"平衡力"和沉浮的概念。

科学背景知识：

密度等于物质的质量除以体积。相同体积的液体，由于质量不同可能密度不同，液体的质量越大，密度越大，这意味着厚重、黏稠的液体密度更大。当一种物体被放入液体中，重力会使它下沉，除非液体对物体施加的浮力等于重力。一般来说，密度更大的液体浮力也越大，这意味着它们能托起更重的物体。不同密度的液体能相互浮于表面，密度最大的液体沉在最下面一层。有时候，不同液体需要一定时间才能"沉淀"分层，密度更小的液体会逐渐浮到上面。

国家课程对接：

- 一年级课程：日常材料

——描述各种日常材料的基本物理属性。

- 五年级课程：力

——认识空气阻力、水的阻力和摩擦力在移动的物体表面之间的作用。

所需材料：

- 透明的大烧杯或量筒。
- 洗洁精。
- 蜂蜜。
- 水。
- 食用油。

- 用于沉浮的物体，包括：弹球、小石子、曲别针、橡皮泥、乒乓球和硬币。

⚠ 安全及技术注意事项：
- 为学生制作密度柱，请参照下面的指示。

实验方法：
教师准备工作：

最好为学生提前做好"密度柱"，因为混合各种液体对他们来说有点困难。慢慢地倒入液体，先倒蜂蜜，然后是洗洁精，接下来倒水，最后是食用油，每种液体的体积要相同，沿着烧杯壁倒入液体。如果你愿意，可以展示密度柱的制作过程，让学生看看液体是如何分层的。

🎓 学生任务：

1. 仔细观察你的密度柱，看看它像什么？哪种液体沉在最下面？哪种在上面？记录你的观察结果。

2. 选择你想实验的第一个物体，预测一下，你认为它会浮在密度柱哪一层液体中？

3. 把物体投入密度柱，它浮在哪一层？记录结果。

4. 按同样步骤实验所有其他物体。

📊 数据收集：

学生可以把密度柱画下来或者拍照来记录不同物体漂浮的位置。

差异化实验：
- **降低难度**：只用食用油和水做出简单密度柱。
- **提高难度**：学生可以尝试通过测量相同体积液体的重量，计算出每种液体的密度。

备选问题：
- 你觉得为什么液体会分层？
- 哪些物体浮在不同液体层？你觉得为什么会发生这种现象？
- 为什么有些物体沉到密度柱的最底层？

拓展任务：

把密度柱"摇匀"（最好是大人来做），让液体重新混合，然后放置到一边让它们重新沉淀分层。

EXPERIMENT 58

实验58
摩擦力

学习目标：

研究不同表面之间的摩擦力。

实验简介：

学生测试玩具车在各种摩擦力不同的表面上能滑行多远。

前期知识准备：

学生应该了解什么是摩擦力，摩擦力能使运动的物体减速或停止运动。

科学背景知识：

相对运动的两种表面之间产生摩擦力，摩擦力是力的一种，它能使运动的物体减速或者阻止它一直运动下去。举例来说，如果一本书被推向桌子的右边，摩擦力的作用则向左。摩擦力越大，物体移动越慢。摩擦力的大小取决于物体表面的粗糙程度和附着力，如果表面粗糙，沿表面运动的物体不得不"穿过"表面的"凸起"部分，从而减缓了物体的运动速度。附着力是指不同物质之间相互吸引形成电磁引力，物体相对运动时需要打破附着力，导致摩擦力产生。使用更光滑的表面或者润滑剂可以减少摩擦力，润滑剂能"填补"粗糙材料表面的凹陷，使物体表面更加光滑。

国家课程对接：

■ **一年级课程：** 使用日常材料

——识别并比较各种日常材料的用途及其适用性，包括木头、金属、塑料、玻璃、砖、石、纸和硬纸板等。

■ **三年级课程：** 力和磁

——比较物体在不同表面是怎样运动的。

- **五年级课程：物质的属性和变化**

——对金属、木头和塑料等日常材料进行对比和公平测试，分析其用途及原因。

- **五年级课程：力**

——认识空气阻力、水的阻力和摩擦力在移动的物体表面之间的作用。

所需材料：

- 玩具车或类似的物体。
- 不同的表面材料，例如瓷砖、地毯、木头、冰、沙、毛毡、油布、直尺。

⚠ **安全及技术注意事项：**

- 确保所有的表面材料长度一致，30厘米就足够了。

实验方法：

教师准备工作：

准备好实验需要的不同表面材料。

🎓 **学生任务：**

1. 选择你想测试的第一种表面材料，把它平铺在桌面上。
2. 把玩具车放到表面的末端。
3. 伸出一根手指放在玩具车上，沿着表面轻轻推动小车，手指不要离开玩具车。
4. 当玩具车停下时，用直尺测量车子滑行的距离。
5. 按同样的步骤测试其他表面材料。

数据收集：

表面材料	玩具车滑行的距离（厘米）

差异化实验：

- **降低难度：** 学生对玩具车在各种材料表面滑行的难易程度按1~10分打分排序。
- **提高难度：** 学生可以用不同物体重复上述实验，看看结果是否相似。

EXPERIMENT 58

备选问题：
- 玩具车在哪种材料表面滑行的距离最长？你认为原因是什么？
- 玩具车在哪种材料表面滑行的距离最短？你认为原因是什么？
- 当路面湿滑或结冰时，你认为会发生什么状况？

拓展任务：
　　学生可以研究汽车的刹车距离，包括为什么它们很重要、影响刹车距离的因素有哪些。

实验59

实验59
力的大小

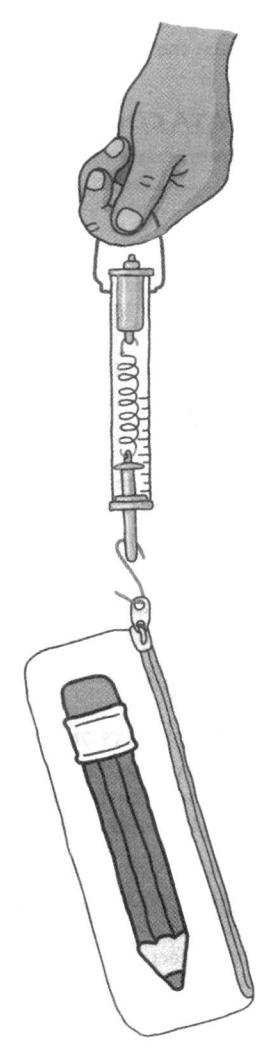

学习目标：

测试提起或移动不同物体需要多大的力。

实验简介：

学生用测力计测量提起或移动不同物体需要多大的力。

前期知识准备：

学生应该了解什么是力，力的衡量单位是"牛顿"（N）。

科学背景知识：

力是一种能改变物体的速度、形态或方向的东西，力的衡量单位是"牛顿"（N）。我们可以用测力计测量举起或移动物体所需要的力，测力计通常是一个装入密封塑料壳的弹簧，下面连着吊钩。弹簧受力会拉伸，测力计外壳上有刻度，用来读取弹簧拉伸到一定程度时所需要的力。因为测力计靠弹簧的拉伸测量力的大小，所以最上面的刻度是零，越往下数字越大，学生可能需要学习如何读取测力计的刻度。测力计有大小型号，用以测量不同范围的力。

国家课程对接：

- **三年级课程：** 力

——注意：有些力需要物体相互接触才能产生作用，但磁力可以隔着一定距离产生作用。

EXPERIMENT 59

所需材料：

- 测力计。
- 挑选实验需要的各种物品，例如书、直尺、门、毛绒玩具、文具盒、天平（可选）。

⚠️ **安全及技术注意事项：**

- 如果学生要用测力计提起物品，确保在桌面上方进行，以防物体落地。
- 确保学生不使用过重的物品，否则超出测量范围可能会损坏测力计。

实验方法：

教师准备工作：

为学生挑选好用于实验的各种物体。

🎓 **学生任务：**

1. 选择你想测量的第一件物体。
2. 如果你提得动，把它挂到测力计的钩子上，提起来并读取测量结果。
3. 如果你提不动，把它挂到测力计的钩子上，沿着桌面朝向你拉动物体。当物体刚开始移动时，读取测量结果。
4. 用其他物体重复实验。

数据收集：

物 体	提起物体或移动物体所需的力（单位：N）

差异化实验：

- **降低难度**：学生可能需要老师帮忙把物体挂到钩子上并读取测量结果。
- **提高难度**：学生可以研究物体的重量与提拉物体所需的力之间是否存在联系。

备选问题：

- 提起或拉动哪些物体所需的力最大？你认为原因是什么？
- 提起或拉动哪些物体所需的力最小？你认为原因是什么？
- 还有什么其他因素会影响到移动某个物体所需要的力？

拓展任务：

学生可以自己制作测力计。

实验60
弹力球

学习目标：

测试不同球的弹力。

实验简介：

让球从设定好的高度落下，学生通过观察球的弹跳次数来测试不同球的弹力。

前期知识准备：

学生应该了解由于重力的作用物体会自然落地。

科学背景知识：

当物体被抛落时，由于重力的作用物体会落向地面。重力对所有物体的作用都是一样的，因此重的物体并不比轻的物体下落速度更快。当落下的物体碰到某种表面，比如地面，会产生接触力，这种力会阻止物体一直向下运动。如果物体受到轻微挤压，接触力会把组成物体的粒子挤到一起，这就把一部分动能转化成了势能（储存的能量）。势能就是让物体弹起来的那股能量，因为被挤压到一起的粒子又开始分离了，这也就是有弹性的物体比坚硬的物体更容易弹起的原因。物体的弹性越大，当它与某种表面接触时受挤压的程度就越高，从而储备更多的势能，弹得更高，这使得物体再次落下时能积蓄新的势能，增加回弹的总次数。

国家课程对接：

- 一年级课程：日常材料

——描述各种日常材料的基本物理属性。

- 二年级课程：使用日常材料

——识别并比较各种日常材料的用途及其适用性，包括木头、金属、塑料、玻璃、

EXPERIMENT 60

砖、石、纸和硬纸板等。

- **三年级课程**：力

——比较物体在不同表面是怎样运动的。

- **五年级课程**：物质的属性和变化

——对金属、木头和塑料等日常材料进行对比和公平测试，分析其用途及原因。

- **五年级课程**：力

——没有支撑的物体会掉落地面，这是因为在地球和物体之间存在重力作用。

所需材料：

- 不同的球，例如足球、网球、乒乓球、海绵球、橡皮球。
- 米尺。

⚠ 安全及技术注意事项：

- 本实验最好在宽敞、空旷的场地进行，比如体育馆。
- 向学生展示实验时如何让球自然落下而不是扔球。
- 提醒学生认真对待实验用球，不要到处乱扔。

实验方法：

教师准备工作：

挑选不同材质的球用于学生实验。

🎓 学生任务：

1. 选择你想实验的第一个球。
2. 把米尺垂直立在地上。
3. 贴着米尺拿着球。
4. 放手让球落下。
5. 数清球弹起的次数。
6. 把次数记录在结果表格里。
7. 按同样的步骤实验其他球。

实验60

数据收集：

球的类型	球弹起的次数

差异化实验：

- **降低难度：** 学生可能需要老师帮忙数清球弹起的次数。
- **提高难度：** 学生可以在不同地面如橡胶垫、地毯、草地等重复上述实验，研究不同表面对球弹起的高度和次数有无影响。

备选问题：

- 哪种球弹起的次数最多？你认为原因是什么？
- 哪种球弹起的次数最少？你认为原因是什么？
- 有什么其他因素会影响球弹起的高度和次数？

拓展任务：

让一个乒乓球和网球从同一高度落下，它们会同时落到地面，这个展示能说明重力对所有物体的作用是一样的。

EXPERIMENT 61

学习目标：

研究如何让玩具小汽车从斜坡滑下去。

实验简介：

学生研究影响玩具车滑下斜坡速度的各种因素。

前期知识准备：

学生应该了解什么是摩擦力，以及摩擦力能使运动的物体减速。

科学背景知识：

玩具车受到重力作用会从斜坡上滑下去。由于重力作用对所有物体都一样，与物体重量无关，所以改变车的重量并不会让它下滑得更快，但是，有些因素例如斜坡的倾斜角度和表面材质却会影响玩具车的速度。斜坡是一种斜面，物体在斜面上运动的速度更快，因为它们受到的力是不平衡的。斜坡越陡，物体运动的速度越快。由于摩擦力的不同，玩具车在表面光滑或涂上润滑剂的斜坡上下滑比在表面粗糙的斜坡下滑速度更快。摩擦力越小，车从斜坡滑下的速度越快。

国家课程对接：

■ **三年级课程**：力和磁

——比较物体在不同表面是怎样运动的。

■ **五年级课程**：力

——没有支撑的物体会掉落地面，这是因为在地球和物体之间存在重力作用。

——认识空气阻力、水的阻力和摩擦力在移动的物体表面之间的作用。

实验61

所需材料：

- 玩具车。
- 角度可调的斜坡，或用书/木板（可垫在斜坡下调节倾斜角度）。
- 铺在斜坡表面的材料，例如地毯、橡胶垫、油布、瓷砖。
- 计时器。
- 尺。

⚠️ **安全及技术注意事项：**

- 展示如何搭建斜坡和调节高度，或者更换斜坡表面材料。
- 确保斜坡搭建在安全的地方，如果玩具车从斜坡上滚落，不会造成危险。

实验方法：

教师准备工作：

准备好铺在斜坡上的各种表面材料。

由于这是一种"公平测试"，和学生讨论在实验中需要保持哪些因素不变，具体内容取决于他们想研究斜坡高度还是斜坡表面材料。

🎓 **学生任务：**

1. 决定你是想研究斜坡高度还是斜坡表面材料。

2. 搭建斜坡，如果你要研究斜坡高度，测量你的斜坡高度值。如果你要研究斜坡表面材料，选择你想测试的第一种材料。

3. 让玩具车从斜坡上滑下来，记录它到达斜坡底部需要的时间。在正式实验前，你可能需要练习几次。

4. 将时间记录在结果表格里。

5. 测试不同的高度或表面材料，重复上述实验。

数据收集：

斜坡高度（毫米）/斜坡表面材料	玩具车滑到斜坡底部的时间（秒）

EXPERIMENT 61

差异化实验：
- **降低难度**：为学生提供搭建好的不同高度或不同表面材料的斜坡。
- **提高难度**：学生可以通过"速度=距离÷时间"公式计算玩具车下滑的速度，其中"距离"指斜坡长度，"时间"指玩具车下滑到斜坡底部的时间。

备选问题：
- 当斜坡高度发生变化时，玩具车下滑时间有什么变化？你认为原因是什么？
- 当斜坡表面材料发生变化时，玩具车下滑时间有什么变化？你认为原因是什么？
- 还有哪些因素可能会影响玩具车从斜坡滑下的速度？

拓展任务：
　　学生可以调查斜坡在日常生活中的使用，例如无障碍斜坡通道，看看应该如何设计各种斜坡。

实验62
我们来做个直升机

学习目标：

研究纸直升机落地的速度。

实验简介：

通过改变机翼的长度、曲别针数量或着制作直升机的纸张类型，学生研究影响纸直升机落地速度的因素。

前期知识准备：

学生应该对力有基本了解，以及物体由于重力作用会自然落地。

科学背景知识：

物体由于重力作用会落向地面。从理论上讲，所有物体落地的速度都应该相同，因为重力对所有物体的作用是一样的，在真空环境中确实如此。但空气阻力是一个影响物体下落速度的因素，空气阻力会减慢物体下落的速度。空气阻力的大小取决于物体的大小和形状，有些流线型物体（例如飞机）受到的空气阻力更小。空气阻力越小，物体下落越快。物体的质量并不影响下落速度，因此重的物体并不比轻的物体下落速度更快。

国家课程对接：

■ **五年级课程：力**

——没有支撑的物体会掉落地面，这是因为在地球和物体之间存在重力作用。

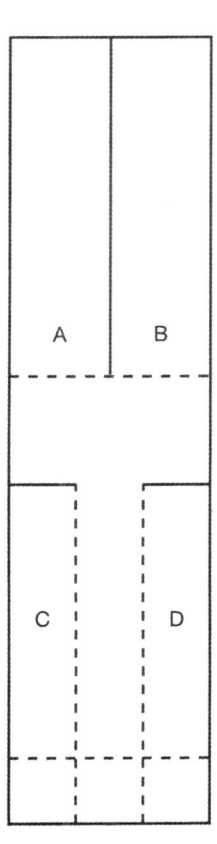

EXPERIMENT 62

——认识空气阻力、水的阻力和摩擦力在移动的物体表面之间的作用。

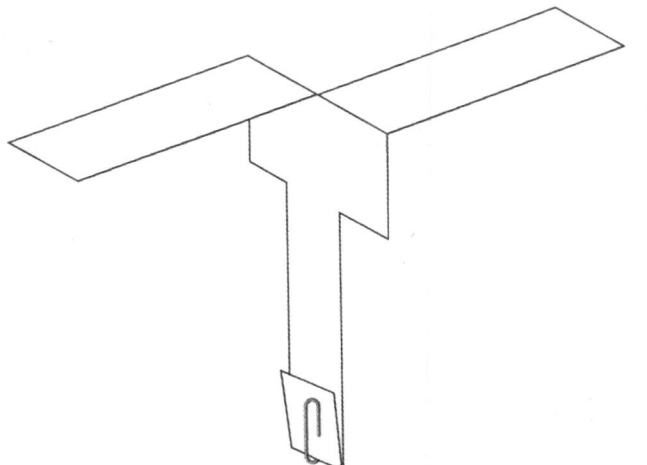

所需材料：

- 纸做的直升机模型。
- 剪刀。
- 计时器。
- 曲别针。
- 不同类型的纸张。
- 悬铃木种子（可选）。

⚠ 安全及技术注意事项：

- 不要让学生站在椅子或桌子上落下直升机。
- 由于实验中要往直升机上增加曲别针，要保证学生能正确理解：直升机下落地更快不是因为重量增加了，而是因为增加的曲别针影响了直升机螺旋桨的旋转速度，从而改变了空气阻力。

实验方法：

教师准备工作：

准备好纸直升机模型，如果学生决定研究螺旋桨的大小对直升机的影响，你可能需要准备带不同尺寸螺旋桨的直升机模型。

🎓 学生任务：

1. 根据图示说明，剪裁直升机模型并折好。
2. 在直升机底部夹上一枚曲别针，这样能让你的直升机更稳固。
3. 投下直升机并观察它是怎样下落的，用计时器记录它落到地面所用的时间，重复几次。
4. 决定你想研究的能影响直升机下落速度的因素，你可以选择用不同材料的纸做直升机，在底部增加曲别针，从不同的高度投下直升机，改变螺旋桨长度，或者你自己想到的任何因素。
5. 根据实验需要制作你的直升机。

6. 想想在实验中还有没有其他需要控制的变量。

7. 当你准备好时，投下直升机，并用计时器记录它落到地面所用的时间。

数据收集：

学生可以根据他们要做的实验设计自己的数据结果表格，老师应该鼓励高年级课程的学生计算每次实验的平均值，学生也可以拍摄直升机下落的视频。

差异化实验：

- **降低难度**：学生可能需要老师帮助剪裁和折叠纸直升机。
- **提高难度**：学生可以研究多个因素。

备选问题：

- 你研究的因素对直升机下落有什么影响？你为什么这么想？
- 还有哪些因素可能提高或减慢纸直升机的下落速度？
- 纸直升机和悬铃木种子有哪些相似之处？

拓展任务：

本实验可以和种子传播联系起来，例如悬铃木种子和纸直升机的工作原理是相似的。

实验63
我们来做个降落伞

学习目标：

为泰迪熊做个降落伞。

实验简介：

学生设计并测试他们自己做的降落伞。

前期知识准备：

学生应该了解什么是摩擦力，以及摩擦力能使运动的物体减速。

🔍 科学背景知识：

降落伞是被设计用来包裹空气的一大片材料，因而能制造空气阻力、降低物体下落的速度。降落伞的大小取决于下落物体的大小，小的物体只需要小的降落伞。人们从飞机上跳伞用的降落伞是用尼龙做的，这是一种很强韧但很轻的材料，它还可以被压缩到很小的空间以备使用。本实验中，学生可以设计自己的降落伞来保护一个小泰迪熊。降落伞做好后，可以绑在泰迪熊身上做实验，将泰迪熊从一定的高度投下，计算它落地的时间，让泰迪熊最慢落地的降落伞就是最好的降落伞。

国家课程对接：

- **五年级课程：** 力

——没有支撑的物体会掉落地面，这是因为地球和物体之间存在重力作用。

——认识空气阻力、水的阻力和摩擦力在移动的物体表面之间的作用。

所需材料：

- 做降落伞的材料，例如不同材料的纸张、塑料袋、垃圾袋。
- 线绳。
- 透明胶带。
- 曲别针。

- 小泰迪熊。
- 计时器。

⚠️ **安全及技术注意事项：**
- 不要让学生站在椅子或桌子上测试降落伞下落。

实验方法：

教师准备工作：

准备好学生制作降落伞的材料，向学生展示降落伞的照片，和他们讨论降落伞的基本设计。

🎓 **学生任务：**

1. 将降落伞的设计思路画出来，选好最终的设计图后，挑选制作降落伞需要的材料。

2. 制作你的降落伞。

3. 做好降落伞后，你可以在泰迪熊身上测试。轮到你实验时，将你的降落伞绑在泰迪熊身上，从选定的高度投下，你的老师或同学会记录小熊落到地面的时间。

📊 **数据收集：**

可以记录每个降落伞落地的时间，制作班级数据表，也可以用照片或视频记录每个降落伞的降落过程。

差异化实验：

- **降低难度：** 学生做降落伞时可以参照模型。
- **提高难度：** 学生可以通过"速度=距离÷时间"公式计算降落伞下落的速度，其中"距离"指降落伞被投下时的高度，"时间"指降落伞落地所用的时间。

备选问题：

- 降落伞最好的设计是什么样的？为什么你这么认为？
- 为什么降落伞会减缓物体下落的速度？
- 降落伞还需要哪些有用的特性？

拓展任务：

学生可以研究他们的降落伞在不同环境下是如何工作的，比如在室外或用风扇模拟自然风的场景。

EXPERIMENT 64

— 实验64 —
热传导

学习目标：

研究哪种材料导热性能最好。

实验简介：

通过将汤勺放在热水中加热，学生研究木头和金属哪种材质导热性能更好。

前期知识准备：

学生应该了解热量可以通过介质传导。

🔍 科学背景知识：

热传导是一种热量的转移形式。所有物质都是由粒子（原子）组成的，当物质被加热时，这些粒子获得能量（动能），会导致粒子振动加剧。粒子振动时会碰撞周边的粒子，将能量传到这些粒子上，进而导致这些粒子振动加剧，并碰撞它们周边的粒子。这个过程能使热量从物质的一端传到另一端，传导的速度就是该物质的"传导率"。物质的导热性越好，热在物质内部传播越快。能传导热的物质称为热的良导体，不能传导热或使热传导减缓的物质称为热的不良导体。金属是典型的热的良导体，木头则是典型的热的不良导体。

国家课程对接：

■ **一年级课程：** 日常材料

——描述各种日常材料的基本物理属性。

■ **二年级课程：** 使用日常材料

——识别并比较各种日常材料的用途及其适用性，包括木头、金属、塑料、玻璃、砖、石、纸和硬纸板等。

> 实验64

- **四年级课程**：物质的形态

——观察有些物质在加热或降温时形态会发生怎样的变化，测量或研究形态变化时的温度（摄氏度℃）。

- **五年级课程**：物质的属性和变化

——根据硬度、溶解度、透明度、传导性能（导电和导热）、磁性等物理属性，对日常材料进行比较和归类。

——对金属、木头和塑料等日常材料进行对比和公平测试，分析其用途及原因。

所需材料：

- 金属勺和木勺，最好是一样大小。
- 烧杯。
- 硬纸板。
- 凡士林。
- 曲别针。
- 计时器。
- 水。

⚠ 安全及技术注意事项：

- 本实验不需要开水，从热水龙头接的水就足够了。
- 把曲别针靠近勺柄尾端放好，多用些凡士林将它们固定。
- 为防止水蒸汽融化凡士林，最好在烧杯上盖个盖子，盖子可以用硬纸板做，上面开个缝让勺子穿过去。
- 将勺子放入烧杯，勺肚部分浸在水中。

实验方法：

教师准备工作：

　　如果学生自己不做烧杯盖子，请教师准备好。

🎓 学生任务：

　　1. 用凡士林将曲别针粘在金属勺和木勺的勺柄尾端，确保当你拿起勺子时，曲别针不会掉落。

　　2. 将烧杯装上热水并盖上盖子。

　　3. 将勺子穿过盖子上的缝隙伸入烧杯，勺肚部分浸入水中，勺柄部分留在外面。

　　4. 开始计时，记录曲别针从勺尾掉落所需的时间。

　　5. 重复两次实验，计算平均时间。

EXPERIMENT 64

📋 数据收集：

实 验	曲别针从勺子上掉落的时间（秒）	
	金属勺	木 勺
1		
2		
3		
平均值		

差异化实验：

- **降低难度**：老师可以提前为学生做好"勺子"（粘好曲别针）。
- **提高难度**：学生可以研究不同的金属，看看它们的导热率有什么不同。

备选问题：

- 哪个曲别针先掉落？你认为是什么原因？
- 是什么导致曲别针掉落？
- 你觉得我们为什么要在烧杯上盖上盖子？

拓展任务：

　　本实验可以和烹饪厨具的制造材料相联系，学生可以研究为什么木勺比较适合用作搅拌厨具，以及铜锅为什么比铝锅更好。

实验65
摆动的时间!

学习目标:
研究钟摆长度是怎样影响它的摆动时间的。

实验简介:
学生研究如何通过改变钟摆的长度来影响它的摆动时间。

前期知识准备:
本实验不需要学生具备任何特别的储备知识。

科学背景知识:
钟摆是一种受力后自由摇摆的设备,操场上的秋千和老式摆钟就是典型的钟摆器。如果某种力直接施加在钟摆上,比如推力或者拉力(像秋千一样),钟摆就会摆动,或者受到重力作用它也会摇摆。当钟摆被提起来再放开时,重力会将钟摆向下拉回。钟摆摆动并回到最初位置的时间被称为"周期",钟摆的长度(线的长度)会影响周期的长短。钟摆线越长,它摆动的周期就越长,这是因为钟摆需要摆动的距离更长。钟摆的重量并不会影响周期,因为重力对所有物体的作用是相同的。

国家课程对接:

- **五年级课程:** 力
——了解有些机械装置能使很小的力量发挥出更大功效,包括杠杆、滑轮和齿轮。

所需材料:

- 钟摆器(粗绳子尾端吊上一个橡皮泥球或者乒乓球即可)。
- 固定支座或者桌子的边缘。
- 计时器。

EXPERIMENT 65

- 尺。
- 剪刀。

⚠ 安全及技术注意事项：

- 钟摆最长30厘米。
- 如果用桌子的边缘代替固定支架，请用透明胶带粘牢钟摆的绳子，并确保钟摆能自由无障碍摆动。
- 向学生演示，测算的钟摆时间是从钟摆开始摆动，到另一端后再回到初始位置的时间。
- 钟摆应从90°的角度放开，这样钟摆总共摆动180°。
- 提醒学生应该让钟摆自然落下，不要再施加任何力。
- 提醒学生不要离钟摆太近，以免钟摆摆动时撞到他们。

实验方法：

教师准备工作：

准备好钟摆器，除非你希望学生自己制作钟摆器，如果学生自己做钟摆器，告诉他们钟摆绳不要超过30厘米。

🎓 学生任务：

1. 如果你用固定支架，将支架搭起来并用透明胶带将绳子粘在上面。如果你用桌子，用透明胶带将绳子粘在桌子边缘，让钟摆器垂下并自由摆动。

2. 将你的钟摆器拉到初始位置（老师会教你怎么做），放开钟摆器并让你的同伴开始计时。为了确保计时器正好在你放开钟摆器时开始，你可能要多练习几次。

3. 当钟摆器摆回到初始位置时，停止计时，在结果表格里记录下时间。

4. 重复实验两次，并记录结果。

5. 从支架或者桌子边取下钟摆器，用尺测量你接下来要实验的钟摆绳长度，剪掉多余的绳子，重新粘上钟摆。

6. 按上述步骤实验不同长度的绳子。

实验65

数据收集：

钟摆长度（厘米）	钟摆摆动一次的时间（周期）			
	第一次测量（秒）	第二次测量（秒）	第三次测量（秒）	平均值（秒）

差异化实验：

- **降低难度**：如果全班一起实验，学生可能觉得更容易些。可以用一截绳子或跳绳挂上一个球做一个大的钟摆，本实验可以在操场（只能在无风的天气）或者体育场里进行。

- **提高难度**：学生可以研究其他影响钟摆周期的因素，比如摆动起始点的高度。

备选问题：

- 当你缩短钟摆长度时，钟摆摆动一次的时间周期有什么变化？你能从实验结果中发现什么规律吗？
- 你认为这是为什么？
- 日常生活中我们能在哪里找到钟摆器？

拓展任务：

学生可以在操场或公园里做该实验，观察实验结果是否相同，钟摆的起始点角度要低一些。

EXPERIMENT 66

— 实验66 —
拉伸弹簧

学习目标：

研究拉伸弹簧时会发生什么。

实验简介：

通过测量弹簧拉伸的长度，学生研究给弹簧加上砝码的效果。

前期知识准备：

学生应该知道有些材料能够拉伸，以及物体受重力作用会落向地面。

🔍 科学背景知识：

有些物体具有弹性。弹性这种属性是指物体可以被拉伸甚至扭曲，但是当作用力停止时，物体会恢复原状，橡皮筋和弹簧就是例子。弹性物体遵守胡克定律（根据发现者科学家罗伯特·胡克命名），胡克定律表述了弹性物体的伸长量与受到的力成线性关系。举例来说，如果加在弹性物体上的重量加倍，它拉伸的长度也会翻倍。有些弹性物体有"弹性限度"，这是弹性的极限值，超出这个数值的重量会让物体无法恢复原状，弹簧就是一种有弹性限度的物体。另外，还有些物体在超出弹性限度时会直接断裂，比如橡皮筋。

国家课程对接：

■ **二年级课程：** 日常材料的使用

——了解某些材料制成的固体受到挤压、弯曲、扭曲和拉伸时形状会发生什么改变。

■ **五年级课程：** 物质的属性和变化

——对金属、木头和塑料等日常材料进行对比和公平测试，分析其用途及原因。

实验66

所需材料：

- 弹簧。
- 固定支架。
- 重量相同的小砝码或者物体，例如弹球。
- 塑料袋，例如装三明治的袋子。
- 直尺。
- 透明胶带。

⚠ **安全及技术注意事项：**

- 提前测试弹簧的弹性限度，给学生的砝码加起来不能超过极限值。
- 弹簧可以挂在固定支架上，如果没有支架，可以用透明胶带把弹簧固定在桌子边缘，只要弹簧能随意拉伸即可。

实验方法：

教师准备工作：

　　提前测试弹簧的弹性限度。

🎓 **学生任务：**

1. 把弹簧挂在固定支架上或者桌子边缘，确保安全。
2. 把塑料袋挂到弹簧钩上，袋子要能打开并往里放东西，确保塑料袋安全地挂在弹簧上。
3. 测量弹簧的长度，记录在实验结果表里。
4. 往塑料袋里加一个砝码，测量弹簧的长度，记录在结果表里。
5. 接下来，每次增加一个砝码，测量弹簧的长度，并记录结果。

数据收集：

砝码的个数	弹簧的长度（厘米）

差异化实验：

- **降低难度**：测量弹簧的长度对学生来说可能有点困难，尽可能使用单次伸长量大

EXPERIMENT 66

的弹簧，使测量更容易。
- **提高难度**：学生还可以测量橡皮筋的弹力，把实验结果跟弹簧的实验结果进行比较。

备选问题：
- 每次增加砝码，弹簧拉伸的长度都有变化，你发现其中有什么规律吗？
- 当你把砝码都取走时，弹簧发生了什么变化？
- 如果一直增加砝码，你认为弹簧会怎么样？

拓展任务：
　　老师可以向学生演示，当加在弹簧上的重量过重时，弹簧会因超出弹性限度而无法恢复原状。

实验67

实验67
制造彩虹

学习目标：

研究如何把白光分解成七色光谱。

实验简介：

学生研究如何使用棱镜把白光分解成七色光谱。

前期知识准备：

学生应该了解白光由七种颜色的光谱（彩虹）组成。

🔍 科学背景知识：

白光由七色光谱组成：赤（红）、橙、黄、绿、蓝、靛（青）、紫，这些不同颜色的光谱具有不同的波长，红光的波长最长，紫光的波长最短。把白光分解成七色光谱的过程称为光的色散，当白光从空气中进入棱镜，光的运动速度发生了改变，当光离开棱镜重新进入空气时，它的速度再次改变，速度的变化导致光进入和离开棱镜时发生弯曲。弯曲的程度取决于波长，因此不同颜色的光谱弯曲的角度不同，这使得它们离开棱镜时的角度也不同，造成了光的分解。这个实验通常在教室里用光线盒和棱镜就可以完成，光线盒有盖子，上面开一条缝，刚好能看见一束光线射出。让这束光通过三角棱镜，当光从棱镜的另一面出来时，它就会被分解成七色光谱。

国家课程对接：

■ **三年级课程**：光

——认识到人们需要光来看清物体，黑暗就是没有光。

■ **六年级课程**：光

——知道光是直线运动的。

EXPERIMENT 67

所需材料：

- 棱镜。
- 开好缝的光线盒（你可以自制，在黑色纸板上开一条一毫米的缝，然后放在光线盒的尾端）。
- 大块的白色纸板。

⚠️ **安全及技术注意事项：**

- 提醒学生不要碰光线盒里的灯泡，因为灯泡会发烫。
- 实验材料可从以下两个网站购买，网址是www.betterequipped.co.uk 和www.hope-education.co.uk。
- 电路符号请见附录。

实验方法：

教师准备工作：

确认每个光线盒只开一条缝，只有一束光线射出来。

🎓 **学生任务：**

1. 把光线盒和棱镜放到白纸板上，白色纸板会帮助你看清光谱。
2. 点亮光线盒，你可以看见一束光射出来。
3. 调整光线盒和棱镜的位置，直到光线能进入棱镜，别让光线盒碰到棱镜。
4. 继续调整光线盒，直到棱镜的另一边出现彩色光谱。

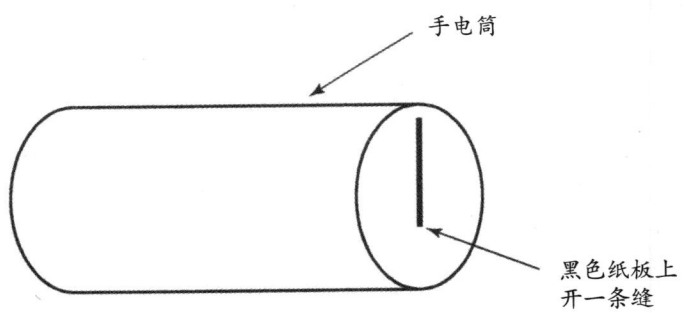

数据收集：

学生可以把光线盒和棱镜的组装过程画下来，还可以画出他们看到的彩色光谱。

差异化实验：
- **降低难度**：帮助学生调整光线盒和棱镜的位置，让他们能看见光谱。
- **提高难度**：学生可以尝试使用另一块棱镜，把彩色光谱"重新聚拢"变成白光。

备选问题：
- 你能看见哪些颜色的光谱？
- 哪种颜色看起来折射程度最高/最低？
- 在日常生活中，你还在什么地方看见过彩虹和组成彩虹的七种颜色？

拓展任务：

　　学生可以制作色轮———张圆纸板分成七等份，分别涂上七种光谱的颜色。色轮中间开个洞，插进一支细铅笔或钢笔。当快速转动色轮时，各种颜色好像融合到了一起，给人造成一种纸板变成白色的印象，这个实验展示了七色光谱能重新聚集成白光。

EXPERIMENT 68

― 实验68 ―
五颜六色的光

学习目标：
研究彩色滤光片的作用。

实验简介：
通过在彩色滤光片下观察不同颜色的物体，学生研究使用滤光片的效果。

前期知识准备：
学生应该了解白光由七种颜色的光谱组成。

科学背景知识：

白光由七色光谱组成：赤（红）、橙、黄、绿、蓝、靛（青）、紫，不同颜色的光谱具有不同的波长。我们看到物体呈现不同颜色，是因为它们只反射自己的颜色而吸收了光谱中的其他颜色。例如一本红色的书，只反射红光，却吸收了橙光、黄光、绿光、蓝光、靛（青）光和紫光。黑色的物体吸收所有颜色的光，而白色物体则反射所有颜色的光。彩色滤光片的工作原理与此相似，只有与它们相同的颜色才能穿透滤光片。红色滤光片只能让红光透过，但会阻挡其他颜色的光，这意味着如果你透过红色滤光片看红色物体，物体仍然呈现红色，因为物体反射的红光能够透过红色滤光片。但是，如果你透过红色滤光片看绿色物体，物体会呈现黑色，这是因为物体反射的绿光不能穿透红色滤光片。

国家课程对接：

■ **六年级课程：** 光

——解释人们能看见物体是由于光线从光源折射到眼睛，或者从光源先折射到物体后再折射到眼睛。

所需材料：

- 挑选不同颜色的物体，包括红色、蓝色和绿色。
- 红色、蓝色和绿色滤光片。

⚠ 安全及技术注意事项：

- 滤光片可以用方块的彩色醋酸纤维布（一种人造丝）制作，为了延长使用寿命，可以在周围加上黑色纸板或包糖纸做的框。

实验方法：

教师准备工作：

准备好不同颜色的物体，让学生透过滤光片观察。用彩色塑料瓶充当滤光片也不错，如果瓶子里装过食物或饮料，务必冲洗干净并保持干燥。

🎓 学生任务：

1. 选择你想观察的第一个物体，在实验结果表里写下它的颜色。
2. 预测在不同颜色的滤光片下，物体会呈现哪种颜色，把你的预测写进表格里。
3. 观察在每种颜色的滤光片下，物体呈现什么颜色并记录结果，你的预测正确吗？
4. 按上述步骤观察其他物体。

📊 数据收集：

物 体	颜 色	预测：我认为物体在滤光片下呈现的颜色			物体在滤光片下的实际颜色		
		红	绿	蓝	红	绿	蓝

差异化实验：

- **降低难度**：如果全班一起实验，学生可能觉得更容易些，用高射投影仪透过A4纸大小的滤光片向白板上投影。
- **提高难度**：学生可以用黄色、蓝绿色、紫红色等合成色的滤光片观察物体，看看结果如何。合成色的滤光片能让合成它的原色光线通过，所以黄色滤光片会让红光和绿光透过，黄色物体仍呈现黄色，但红色物体和绿色物体也各自呈现红色和绿色。

EXPERIMENT 68

备选问题：

- 哪种颜色的物体在红/蓝/绿滤光片下呈现红/蓝/绿色？你认为原因是什么？
- 有些物体在滤光片下呈黑色，你认为原因是什么？
- 你能想到日常生活中还有什么地方用到了彩色滤光片？

拓展任务：

　　学生可以研究色盲产生的原因和它的影响，可以用石原氏色盲测试图（PIP色盲测试）来演示（请谨慎对待任何可能有色盲的学生）。

实验69
设计窗帘

学习目标：

研究什么材料最适合做窗帘。

实验简介：

学生通过观察布料对光线的阻隔来研究什么材料最适合做窗帘。

前期知识准备：

学生应该了解有些材料能透光，而其他材料会阻隔光线。

科学背景知识：

与声音不同，光不需要传播媒介（它在真空中也能传播），然而，有些材料能阻挡光线的传播。材料可以分为三类：透明材料可以让所有或者绝大多数光线穿过，所以透过它们能清楚地看到物体；半透明的材料能让部分光线通过，但隔着它们是看不清楚物体的；不透明的材料则无法让光线通过。光线通过材料的具体数量可以用肉眼判断，也可用带光传感器或光探头的数据记录仪更准确地测量。

国家课程对接：

■ **一年级课程**：日常材料

——根据基本物理属性对各种日常材料进行比较和归类。

■ **二年级课程**：日常材料的使用

——识别并比较各种日常材料的用途及其适用性，包括木头、金属、塑料、玻璃、砖、石、纸和硬纸板等。

■ **三年级课程**：光

——认识到人们需要光来看清物体，黑暗就是没有光。

EXPERIMENT 69

- **五年级课程**：物质的属性和变化

——根据硬度、溶解度、透明度、传导性（导电和导热）、磁性等物理属性，对日常材料进行比较和归类。

- **六年级课程**：光

——解释人们能看见物体是由于光线从光源折射到眼睛，或者从光源先折射到物体后再折射到眼睛。

所需材料：

- 挑选不同的纺织物或材料，裁剪成同样大小。
- 鞋盒，盒子一端挖个洞。
- 手电筒。
- 带光传感器的数据记录仪（可选）。

⚠ 安全及技术注意事项：

- 提醒学生不要用灯光照向任何人的眼睛（包括他们自己的）。
- 鞋盒的一端需要挖个洞，跟手电筒口径一样大小。
- 纺织材料的大小要能盖住鞋盒上切开的洞。
- 实验最好在黑暗的屋子里进行。

实验方法：

教师准备工作：

准备好鞋盒和实验用的材料。

🎓 学生任务：

1. 把鞋盒和手电筒放在桌上，把手电和鞋盒对整齐，让光线正好穿过鞋盒上的洞，手电筒尽量贴着鞋盒。
2. 选出你想实验的第一种材料，盖住鞋盒有洞的一端，可能需要透明胶带来固定。
3. 打开手电筒，观察有多少光能透过材料投射到鞋盒另一端。
4. 按上述步骤测试其他材料。

📊 数据收集：

学生可以凭肉眼观察有多少光能透过材料，按标准比如1~10进行打分，他们也可以根据光线透过的量对材料进行排名。

差异化实验：

- **降低难度：** 学生可以简单地把材料归为三类，比如"能透过很多光"、"能透过部分光"、"不能透光"。
- **提高难度：** 学生可以用带光探头的数据记录仪来准确测量透过材料的光，要想达到最佳实验效果，屋子应该尽量黑暗。

备选问题：

- 哪种材料最适合做窗帘？你是怎么知道的？
- 哪种材料最不适合做窗帘？你是怎么知道的？
- 不适合做窗帘的材料有什么共同点？

拓展任务：

这个实验可以跨学科与历史课作业相联系，学生可以调查为什么战争时期要使用遮光窗帘（为防止空袭而实施的灯火管制），以及这些窗帘是用什么材料制作的。

EXPERIMENT 70

实验70
魔镜，魔镜告诉我

学习目标：
研究镜子是如何反射光线的。

实验简介：
学生研究镜子是如何反射光线的，包括入射角和反射角的关系。

前期知识准备：
学生应该了解有些材料表面会反射光线。

科学背景知识：
物体之所以能被人们看见，是因为它们把来自某种光源的光线反射到我们的眼睛。然而，很平滑、闪亮的表面（例如镜子）能让我们看到"映像"，这是因为镜面太光滑，光几乎没有发生散射，使我们能看见清晰的影像。平面镜是最常见的镜子种类，也是学生们在日常生活中体验最多的镜子。镜子为物体提供了"镜像"，这意味着所有物体的镜像都是反的。光线照到镜子的角度称为入射角，镜子反射光线的角度称为反射角。入射角和反射角在平面镜中总是相同的，所以，如果光线照到镜子的角度为45°度，光线被反射的角度也将是45°度。

国家课程对接：

■ **三年级课程：** 光
——注意光会被某些表面反射。

■ **六年级课程：** 光
——知道光是直线运动的。

所需材料：

■ 平面镜。

实验70

- 镜架（或者任何能让镜子竖立的东西）。
- 带有一毫米开缝的光线盒（或者自制：请参考实验67"制造彩虹"中的图示）。
- 白色纸板。
- 不同颜色的钢笔或铅笔。
- 量角器（可选）。

⚠️ **安全及技术注意事项：**

- 尽量使用塑料平面镜。
- 提醒学生不要用灯光照向任何人的眼睛（包括他们自己的）。
- 提醒学生不要碰光线盒里的灯泡，因为灯泡会发热变烫。

实验方法：

教师准备工作：

在黑暗的屋子里进行该实验效果会更好，所以尽量拉上窗帘，调暗灯光。

🎓 **学生任务：**

1. 把镜子立在白色纸板上。
2. 用光线盒照出一束光射到镜子上，使用某种颜色的铅笔或钢笔画下光线照到镜子上的路径。
3. 使用同样颜色的铅笔或钢笔画下镜子反射光线的路径。
4. 移动光线盒的位置，使光线从不同的角度照射镜子。
5. 用另一种颜色的铅笔或钢笔画下光线射到镜子上的路径。
6. 使用同样颜色的铅笔或钢笔画下镜子反射光线的路径。
7. 继续调整光线盒，用不同角度照射镜子，画下光线入射和反射的路径，每次都用不同颜色的笔。

📊 **数据收集：**

学生可以用不同颜色的笔把光线的入射和反射路径画下来，当实验结束后，他们可以观察光的路径，看看是否能发现光线的入射和反射之间有什么规律。

差异化实验：

- 降低难度：学生可能需要老师帮助调整光线盒的角度和画出光线的路径，可以多打印出一些量角器的图样。学生可以把量角器放在白纸板上，让光束从某个角度

EXPERIMENT 70

照射，量角器可以显示出光线是从相同角度反射的。

- **提高难度**：学生可以使用实物量角器更准确地测量入射角和反射角。

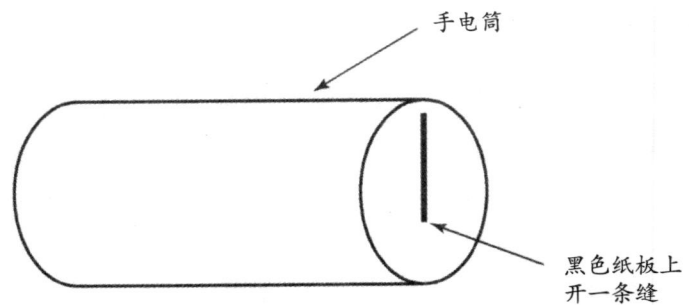

备选问题：

- 当光线照射到镜子上时发生了什么？你认为原因是什么？
- 你有没有注意到光线的入射角和折射角之间存在什么联系？
- 你能发现日常生活中还有什么地方用到镜子？

拓展任务：

学生可以研究不同类型的镜子在日常生活中的用途，例如潜望镜、汽车的后视镜、口腔镜等。

实验71
阴 影

学习目标：

研究如何改变阴影的面积。

实验简介：

学生研究如何通过改变不透明物体和光源之间的距离来改变阴影面积。

前期知识准备：

学生应该了解光是直线运动的，当光线被物体阻挡时会产生阴影。

科学背景知识：

光来自（发光的）光源，光线呈直线运动，光不需要传播媒介（跟声音不同），光还可以穿透某些物质。但是，有些物质却能将光线完全挡住，它们被称为不透明物质，对光线的阻隔就是产生阴影的原因。因为光线呈直线运动，碰到不透明物体时它无法弯曲，因此阴影的形状就与导致阴影的物体形状相吻合。阴影的面积则取决于物体与光源之间的距离，物体离光源越近，阴影面积越大，这是因为离光源越近，物体阻挡的光线越多。

国家课程对接：

■ **三年级课程**：光

——认识到当来自光源的光线被不透明物体阻挡时会产生阴影。

——发现阴影面积变化的规律。

■ **六年级课程**：光

——知道光是直线运动的。

——运用光的直线运动原理，解释为什么阴影的形状与投影物体的形状相同。

EXPERIMENT 71

所需材料：

- 手电筒。
- 幕布或墙面。
- 不透明物体。
- 直尺。

⚠ 安全及技术注意事项：

- 提醒学生不要拿灯光照向任何人的眼睛（包括他们自己）。
- 在黑暗的屋子实验效果更好。

实验方法：

教师准备工作：

　　实验在黑暗的屋子里进行效果更好，所以尽量拉上窗帘，调暗灯光。

🎓 学生任务：

　　1. 调整手电筒和不透明物体的位置，让手电筒的光射到物体上，阴影投射到幕布或墙面上，让手电筒距离物体1米远。

　　2. 用30厘米的直尺测量阴影的高度。

　　3. 移动光源，向物体移近10厘米，再次测量阴影的高度。

　　4. 继续缩短光源和物体之间的距离，并测量阴影的高度。

🧪 数据收集：

光源与物体之间的的距离（厘米）	阴影的高度
100	
90	
80	
70	
60	
50	

差异化实验：

- **降低难度**：学生可以比照阴影的大小画在纸板上，用这些画代替实验结果表。
- **提高难度**：学生可以用不同形状的物体做实验，看看结果是否相似。

备选问题：

- 阴影是什么导致的？
- 物体与光源之间的距离缩短后，阴影的面积发生了什么变化？你认为原因是什么？
- 你知道为什么正午太阳高时人的影子会变小吗？

拓展任务：

  这个实验可以跨学科与工业设计课相联系，学生可以设计并制作日晷，放在操场上使用。

EXPERIMENT 72

实验72
会奏乐的水

学习目标：

研究如何用装水的玻璃瓶演奏音乐。

实验简介：

学生研究敲击水量不同的玻璃瓶发出的声音如何变化，以及怎样使用装水的玻璃瓶"演奏"音乐。

前期知识准备：

学生应该对声音有基本认识，并知道什么是音高。

🔍 **科学背景知识：**

所有的声音都由振动产生。物体振动时，带动周围空气，于是空气也发生振动，声音在空气中以这种形式传播，直到被我们听见。声音是一种声波，声音的大小和音高等属性取决于波形。装水的玻璃瓶中有两种不同的物质能发生振动，如果敲击瓶子，玻璃在振动；如果向瓶口吹气，则是空气在振动，上述两种情况中的音高都由瓶中水的多少决定。假如水很多，敲击瓶子会发出低音，因为水会缓冲玻璃的振动。但是，如果水多时向瓶口吹气，则会产生高音，这是因为空气振动只需从瓶口到水面，距离更短。

国家课程对接：

■ **四年级课程：** 声音

——认识声音产生的原因，某些声音的产生和物体的振动有关。

——找出发声物体的特征和音高之间的规律。

实验72

所需材料：
- 玻璃瓶。
- 水。
- 敲击乐器的小棒。

⚠ 安全及技术注意事项：
- 提醒学生使用玻璃器具时要注意安全。
- 老师可能需要向学生演示向瓶口"吹气"的正确方法。

实验方法：

教师准备工作：

你可以用一套玻璃杯，按要求注入不同水量，自制一架"调好音"的木琴。

🎓 学生任务：

1. 用小棒轻轻敲击空玻璃瓶，瓶子发出了什么样的声音？记录你的观察结果。
2. 现在，尝试向瓶口吹气，瓶子发出的声音有什么变化？记录你的观察结果。
3. 向瓶内倒入1/4容量的水。
4. 用小棒轻轻敲击玻璃瓶，瓶子发出了什么声音？记录你的观察结果。
5. 向瓶口吹气，瓶子发出的声音有什么变化？记录你的观察结果。
6. 继续加水，重复上述步骤，记录你的观察结果。

📊 数据收集：

玻璃瓶内的水量	观察结果	
	敲击瓶子	向瓶口吹气
空 瓶		
1/4		
1/2		
3/4		
满 瓶		

差异化实验：
- **降低难度**：向瓶口吹气对学生可能有难度，需要老师帮忙。
- **提高难度**：学生可以更加系统地做实验，并测量瓶内的具体水量，他们还可以用更大范围的水量进行实验。

EXPERIMENT 72

备选问题：

- 当我们加入更多水后敲击瓶子，声音会发生什么变化？你认为原因是什么？
- 当我们加入更多水后向瓶口吹气，声音会发生什么变化？你认为原因是什么？
- 还有什么其他方法能改变瓶子发出的声音吗？

拓展任务：

　　这个实验可以跨学科与音乐课相联系。学生可以研究不同乐器上音调是如何变化的——例如缩紧或放松音弦，以及这些变化和振动的关系。

实验73
制作旧式助听筒

学习目标：

研究旧式助听筒的最佳设计。

实验简介：

通过自制旧式助听筒和进行公平测试，学生研究助听筒的最佳大小和形状。

前期知识准备：

学生应该知道耳朵使得我们有听觉，声音通过振动经由空气传播到我们耳中。

科学背景知识：

声音是一种能量，物体振动时产生声音，这种振动激发周围的空气也发生振动。声音以振动的方式在空气中传播，最终传到我们的耳朵，引起鼓膜振动。鼓膜的振动被听觉神经转化为电脉冲，并传输到大脑。助听筒能改善人的听力，它通过收集或"汇集"声的振动进入耳内，增加了对鼓膜的振动，使声音听起来更大。助听筒的喇叭端越大，收集的声振动越多。在现代助听器发明以前，听力有障碍的人士使用的是旧式喇叭形助听筒。

国家课程对接：

- **关键阶段1**（5~7岁的儿童）：动物，包括人类

——认识人类身体的基本部位，说出名称，画出图形并进行标记，说出哪个部位和哪种感官相关。

- **四年级课程**：声音

——了解声音振动通过介质传播到耳朵。

所需材料：

- 大块硬纸板或者其他类型的纸，例如报纸、包糖纸、厚包装纸，用来制作助听筒。

EXPERIMENT 73

- 发声的物体，例如面鼓、木琴等。
- 透明胶带。
- 剪刀。
- 直尺。
- 现代助听器的照片（可选）。

⚠ 安全及技术注意事项：

- 提醒学生不要互相朝耳朵大声喊叫或制造大的噪音。
- 告诉学生不要把助听筒的细端直接插入耳洞，只需靠近耳朵拿着即可。

实验方法：

教师准备工作：

向学生展示如何制作助听筒，最简单的方法就是把纸卷成圆锥形，用透明胶带固定，助听筒的大小可以通过纸卷的松紧来调节。

🎓 学生任务：

1. 通过公平的测试找出助听筒的最佳设计。学生可以用不同类型的纸做助听筒或者做大小不同的助听筒，材料和大小这两个变量，选择一个进行实验。
2. 确定还需要什么变量来保持实验的公平性，做好实验计划。
3. 做好助听筒，按实验计划进行测试，记住要做的事，保证实验的公平性。
4. 向瓶口吹气，发出的声音如何？记录你的观察结果。
5. 测试完所有的助听筒，选出你认为最好的设计，看看你是否明白其中的原因。

📊 数据收集：

学生从最好到最差对助听筒进行排名，测试大小的学生可以测量助听筒喇叭端的宽度，测试纸张类型的学生可以记录每个助听筒的制作材料。综合两种测试的结果，决定助听筒的最佳大小和最适合制作的纸张类型。

差异化实验：

- **降低难度**：帮助学生测量助听筒的宽度。
- **提高难度**：学生可以同时测试两种变量（助听筒的大小和纸的类型），用两组实验结果来决定助听筒的最佳设计。

实验73

备选问题：
- 助听筒的最佳尺寸是多少？你认为原因是什么？
- 哪种纸最适合做助听筒？你认为原因是什么？
- 现代助听器跟旧式助听筒相比，使用起来有什么优点？

拓展任务：
　　学生可以研究现代助听器的工作原理，以及随着时间的推移，助听器得到了哪些发展和改进，请谨慎对待任何可能有听力障碍的学生。

EXPERIMENT 74

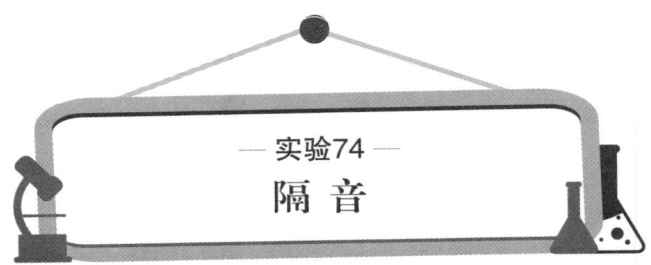

实验74
隔 音

学习目标：

做一个隔音盒。

实验简介：

把嘀嗒响的时钟放进盒子里，学生研究不同材料对它的隔音效果。

前期知识准备：

学生应该了解声音以振动的方式传播，它可以在固体、液体和气体中传播。

科学背景知识：

声音是一种能量，物体振动时，激发周围的空气分子也发生振动。这种振动继续在空气中传播，直到传入我们的耳朵，引起鼓膜振动，形成听觉。有时候，如果声音太大或形成噪音，我们想降低音量，于是就需要隔音。隔音材料的工作原理是吸收声音或反射声音，吸音材料使小部分声能转变成热能（能量不能被创造或毁灭，只能相互转化），一般来说，厚的、透气的材料（如毛巾）或者质量大的物质（如橡胶）隔音性能更好。本实验中，材料的隔音效果可以让学生按1~10分主观评分，也可以用数据记录仪客观测量声音的分贝。

国家课程对接：

■ **二年级课程：** 日常材料的使用

——识别并比较各种日常材料的用途及其适用性，包括木头、金属、塑料、玻璃、砖、石、纸和硬纸板等。

■ **四年级课程：** 声音

——认识声音产生的原因，某些声音的产生和物体的振动有关。

——了解声音振动通过介质传播到耳朵。

——了解距离声源越远,声音越弱。

- **五年级课程**:物质的属性和变化

——对金属、木头和塑料等日常材料进行对比和公平测试,分析其用途及原因。

所需材料:

- 纸板盒——鞋盒是个不错的选择。
- 有规律发声的物体,例如嘀嗒响的时钟。
- 隔音材料,例如报纸、脱脂棉、纸巾、茶巾、塑料袋。
- 透明胶带。
- 橡皮筋。
- 数据记录仪(可选)。

⚠ 安全及技术注意事项:

- 数据记录仪可用来测量音量大小。

实验方法:

教师准备工作:

准备好学生实验用的材料,尽量裁剪成同样大小。

学生任务:

1. 把发出噪音的物体放进盒子里,盖上盖子,听听声音有多大。

2. 挑出你想测试的第一种材料,把它铺到盒子上,你可能需要用橡皮筋或透明胶带来固定。

3. 现在听一听声音还有多大,按1~10分打分或者用数据记录仪测量声音的分贝,把结果记录到表格里。

4. 重复上述步骤,测试其他材料。

数据收集:

隔音材料	声音大小(1到10分或分贝)

EXPERIMENT 74

差异化实验：
- **降低难度**：可以提前准备盒子，用不同材料覆盖好。
- **提高难度**：学生可以研究使用多层材料的隔音效果，看看需要多少层材料才能完全隔音。

备选问题：
- 哪种材料隔音效果最好？你认为原因是什么？
- 哪种材料隔音效果最差？你认为原因是什么？
- 日常生活中还有哪些地方需要隔音？

拓展任务：

学生可以研究，长时间暴露在高分贝或高频率的噪声环境中，对我们的听觉有什么影响，以及如何防止噪声伤害。

实验75
设计一款"看看手有多稳"的游戏

学习目标：

设计和制作一款"看看手有多稳"的游戏。

实验简介：

学生用他们已知的电路知识设计制作一款"看看手有多稳"的游戏，制作材料是一个挂衣架和一个装人造黄油的塑料桶盖。

前期知识准备：

学生应该知道如何组装简单的电路。

科学背景知识：

"看看手有多稳"游戏是一种测试手眼协调能力的实验，游戏规则是沿着导线移动尾部带金属圈的小棍，但不能碰到导线。这款游戏的设计原理是：直到金属圈触碰到导线，电路才处于闭合状态。如果碰到导线会有信号，例如灯泡亮了或者蜂鸣器响了。电流只能通过完整的电路，因此在金属圈碰到导线之前，电路实际上是中断的或者说存在"缺口"。这款游戏设备的外壳和其他部分都是用绝缘材料组成，能防止任何组件过热。这款游戏的电源可以用干电池，因为只需要给很小的装置供电，例如点亮一盏LED灯或者让蜂鸣器响。

国家课程对接：

■ **四年级课程：**电

——组装简单的串联电路，认识基本的电路元件并说出名称，包括电源、导线、灯泡、开关和蜂鸣器。

——根据灯泡所处的带电池的电路是否完整来判断简单串联电路中的灯泡是否会发亮。

EXPERIMENT 75

——认识一些常见的导体和绝缘体，了解金属是电的良导体。

- **六年级课程**：电

——比较各种电路元件的不同功能并分析原因，包括灯泡的亮度、蜂鸣器的音量、开关的开合。

所需材料：

- 金属挂衣架。
- 长方形的塑料桶盖，例如装人造黄油的桶。
- 短截的裸铜线。
- 组成电路的元件，包括导线、鳄鱼夹（弹簧线夹）、电池、LED灯或者蜂鸣器。
- 工具刀。
- 钳子（可选）。

⚠ 安全及技术注意事项：

- 只有大人才能用工具刀切割塑料盖。
- 嘱咐学生小心使用金属衣架，因为衣架两端可能很锋利。
- 可以用手或者钳子给金属衣架做造型，监督学生使用钳子。
- 实验材料可以从以下两个网站购买，网址是www.betterequipped.co.uk和www.hope-education.co.uk。
- 电路符号请见附录。

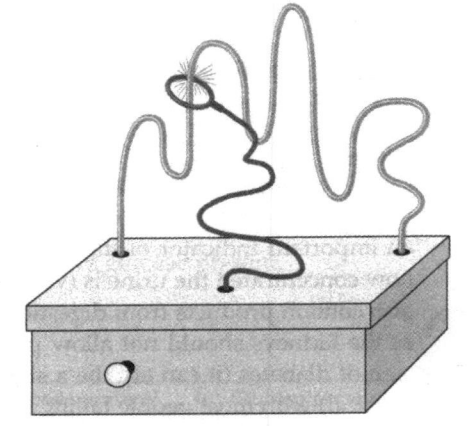

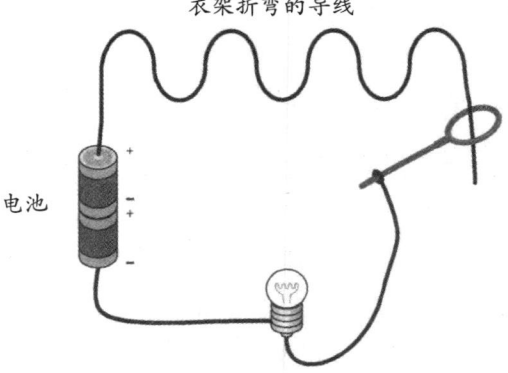

衣架折弯的导线

电池

实验方法：

教师准备工作：

准备截好长度的铜线，铜线长约10厘米，拆开金属衣架。

🎓 学生任务：

1. 把衣架弯成你想要的游戏造型！想一想你要的难度，记住要留出足够的空间让金属圈移动。

2. 做好带金属圈的棍，取一截铜线，把线的一头弯成一个圈，大小要足够穿过衣架绕成的导线。用电线把棍子缠好（露出金属圈），防止拿棍子的人过电。

3. 在准备插入衣架和放置LED灯或蜂鸣器的位置做好记号，让老师在塑料盖上切开口子。

4. 把衣架的两端插入塑料盖（别插太深，否则架子立不住），把LED灯或蜂鸣器从盖子里穿出来。

5. 组装电路，想想怎么做才能让它工作。记得把金属棍接入电路，只有当金属圈碰到衣架时，电路才是闭合的。

6. 游戏装置组合好以后，你可以玩一玩，看看你的手有多稳！

数据收集：

学生给自己的游戏装置拍照片，同学之间互相试玩其他人的游戏装置。

差异化实验：

- **降低难度**：给学生提供一个游戏装置的模型或者给出操作指南。
- **提高难度**：学生可以尝试自己设计电路。

备选问题：

- 为什么金属圈碰到衣架时灯亮了/蜂鸣器响了？
- 问什么要让棍身绝缘？
- 怎样改进我们的这款游戏？

拓展任务：

学生可以为自己的游戏制定游戏规则，相互比赛完成游戏。

EXPERIMENT 76

— 实验76 —
验 尿

学习目标：
分析一些尿样。

实验简介：
学生分析一些假"尿"样本，测试哪些样本含葡萄糖和蛋白质。

前期知识准备：
学生不需要任何预备知识来完成这个实验。

科学背景知识：
尿液由肾脏产生，在排泄出人体之前储存在膀胱里。尿液是反映身体健康状况的重要指标，尿液的基本特征，例如颜色，能反映出它的浓度（颜色太浓的尿液可能是脱水的征兆）。尿液里可能还有消化物，如果尿液含蛋白质，这可能是肾脏受损的征兆，因为正常情况下肾脏不会让蛋白质进入尿液里。如果尿液含葡萄糖，这可能是糖尿病的征兆（也可能是妇女怀孕的征兆）。尿液的pH值通常是7左右（中性），大多数人的尿液pH值在5~8之间，pH值过高或过低预示着某些疾病。要测试尿液中是否有蛋白质，可以加热尿液，如果变浑浊就表示尿液中含蛋白质。葡萄糖可以用尿糖试纸测试，试纸能买到，pH值可以用通用试纸测试。

国家课程对接：

- **二年级课程：** 动物，包括人类
——描述合理运动、饮食得当和讲究卫生对人类的重要性。

- **三年级课程：** 动物，包括人类
——了解动物，包括人类，需要适宜和适量的营养，他们不能自己制造食物，

只能靠摄取食物获得营养。

- **六年级课程**：动物，包括人类

——描述养分和水在动物体内（包括人类）是怎么输送的。

所需材料：

- 假尿液样本（见技术注意事项）。
- 通用试纸。
- 尿糖试纸（经过预先处理的纸条，用于测试葡萄糖）。
- 烧杯。
- 试管。
- 试管架。
- 水浴槽（加热水槽）。
- 葡萄糖粉。
- 蛋白粉。
- 柠檬汁。
- 黄色食用色素。

⚠ 安全及技术注意事项：

- 制作4份假尿液样本，水里加入一些食用色素，你也可以用茶水让尿液颜色更深。如果你想做含葡萄糖的尿液样本，加入1~2茶匙葡萄糖粉。如果你想做含蛋白质的尿液样本，加入1~2茶匙蛋白粉。如果你想做酸度更高的尿液，加入一些柠檬汁。
- 把水浴槽的温度设定在50℃，监督学生使用水浴槽。
- 实验材料可以从"希望教育"网站买到（网址www.hope-education.co.uk）。
- 注意过敏现象。

实验方法：

教师准备工作：

做好假的尿液样本，样本要多样化，加入不同量的葡萄糖和蛋白粉或什么也不加，还要做不同pH值的样本。

🎓 学生任务：

1. 你要分析四份不同的尿液样本。首先，观察每个样本，在实验结果表里记录

EXPERIMENT 76

样本的颜色。

2. 用通用试纸检测每个样本的pH值，把结果填在实验表里。

3. 把一半样本倒入试管，把试管放进水浴槽，放置两分钟。

4. 取出试管，看看液体是否变浑浊了。如果变浑浊，就意味着样本里含蛋白质。

5. 用尿糖试纸测试每种样本剩下的另一半液体，把试纸浸入样本，观察试纸的颜色。对比测试表，看看样本是否含葡萄糖。

数据收集：

尿液样本	颜 色	pH值	含蛋白质	含葡萄糖
1				
2				
3				
4				

差异化实验：

- **降低难度**：在蛋白质测试中，学生可能需要老师帮忙判断尿样是否变浑浊，可以拍摄测试前后的照片用作对比。

- **提高难度**：学生可以尝试把尿样和"病人"对号入座，例如"病人甲有糖尿病，并且饮食中多含酸性食物"。

备选问题：

- 哪些尿样来自可能患有糖尿病的人？
- 哪些尿样来自可能患有肾脏疾病的人？
- 什么因素会导致人的尿样酸度高？

拓展任务：

学生可以调查糖尿病的起因、症状和治疗方法，请谨慎对待可能患有糖尿病的学生。

实验77
火山喷发

学习目标：

自己造出能喷发的火山。

实验简介：

学生用小苏打和醋造出一座"火山"。

前期知识准备：

学生应该知道什么是火山，火山能喷发，涌出岩浆。

科学背景知识：

火山是一片隆起的山丘，顶部有火山喷出口穿透地表通向地下岩浆库。当火山喷发时，岩浆、火山灰和各种气体从火山口涌出，从火山喷出的岩浆被称为熔岩。火山分为活火山（定期喷发）、休眠火山（已经很长时间没有喷发）和死火山（永远不会喷发）。用小苏打和醋可以制造一座能喷发的火山模型。小苏打是一种碱性物质，而醋是一种酸性物质。小苏打和醋混合时，它们发生化学反应并产生碳酸，但是，碳酸的性质不稳定，很快就分解成二氧化碳气体，二氧化碳逐渐增多就会导致火山模型"喷发"。加入几滴洗洁精能帮助聚集泡沫，使得"熔岩"涌流到火山边上。

国家课程对接：

■ **五年级课程**：物质的属性和变化

——解释有些物质的变化会生成新物质（这种改变通常是不可逆的），这些变化包括燃烧反应和酸碱反应等。

所需材料：

■ 小塑料瓶（例如矿泉水瓶或饮料瓶）。

EXPERIMENT 77

- 小苏打。
- 醋。
- 洗洁精（可选）。
- 水。
- 雕塑用的黏土。
- 红色食用色素。
- 茶匙。
- 烧杯。
- 纸巾。

⚠️ **安全及技术注意事项：**

- 学生用雕塑黏土或任何其他合适的美工材料塑造火山的外形，火山模型可以做得细致一些，也可以在正式实验之前完成。学生可以看看著名火山的图片，模仿某一座塑造自己的模型，也可以自行设计火山。
- 确认塑料瓶已经彻底清洁干净。
- 这个实验不需要开水，用热水龙头的水就足够了。
- 这个实验现场很脏乱，所以最好在下面垫一些纸巾。如果可以，最好去室外进行。
- 正式实验前最好先试一遍，以确定小苏打、醋和色素的最佳比例。

实验方法：

教师准备工作：

先试做一遍实验，以确定小苏打、醋和色素的最佳比例。了解最佳比例后，按所需的量把醋倒入烧杯，以便学生往火山口倒醋时用量准确。

🎓 **学生任务：**

1. 先用黏土造出火山模型，把空塑料瓶放在正中间，围绕瓶子塑造火山，但不要盖住瓶口，这是岩浆的喷发口。
2. 火山造好后准备"喷发"时，往中间的瓶子里面倒热水，大约一半容量。
3. 加入一点色素和几滴洗洁精到瓶中。
4. 加入两茶匙小苏打粉。
5. 你的火山要喷发啦！确定你的火山位于安全的地方，不会损坏任何东西。周围多放些纸巾，用来吸收脏东西。

6. 一切就绪后，缓慢地将醋倒入火山口。

数据收集：

学生可以拍摄火山喷发的视频，或者在火山喷发前、喷发中、喷发后分别拍照片。

差异化实验：

- **降低难度**：学生需要老师帮忙按量配给材料。
- **提高难度**：学生可以更系统地做实验，使用不同量的小苏打和醋（但要先设定用量范围，以免学生用得太多），看看对火山喷发有什么影响。

备选问题：

- 你的火山模型跟真火山相比，有什么相同点/不同点？
- 你认为是什么因素导致了我们的火山模型喷发？
- 你认为我们还能把小苏打和醋变回来吗？

拓展任务：

这个实验可以跨学科与历史课和地理课相联系，学生可以调查著名火山喷发的例子，例如庞贝古城，火山爆发前后发生了什么。学生还可以调查大多数火山分布的位置，绘制世界火山分布图。

EXPERIMENT 78

实验78
哪种是最佳洗涤剂

学习目标：

研究哪种是最佳洗涤剂。

实验简介：

学生研究哪种是清洗白色瓷砖上污渍的最佳洗涤剂。

前期知识准备：

学生不需要任何预备知识来完成这个实验。

🔍 科学背景知识：

洗涤剂含有清洁剂分子，清洁剂有着特殊的化学结构：尾部疏水（"不喜水"），头部亲水（"喜水"）。当这些分子遇水后形成球状体，亲水的头部朝外而疏水的尾部朝内，油性物质同样具有疏水性。这意味着把洗涤剂加入浸泡着脏餐具的水中后，油脂会试图进入清洁剂的分子结构内部来"躲避"水，这使得洗涤剂特别擅长清洗餐具上的油腻食物。但洗涤剂并不是影响餐具清洁程度的唯一因素，水本身就是一种溶剂，能溶解很多污渍。此外，污渍也能物理移除，比如用海绵擦洗。另一个需要考虑的因素是餐具上的细菌是否被除掉了，一般来说，洗涤剂并不能除菌，但也有带抗菌功能的洗涤剂。

国家课程对接：

- **五年级课程：** 物质的属性和变化

——了解有些物质会溶解形成溶液，并描述如何从溶液中提取物质。

所需材料：

- 不同的洗涤剂。
- 白色瓷砖。

- 非乳胶手套。
- 污渍来源：巧克力、黄油、果酱等。
- 洗碗盆或大塑料桶。
- 计时器。
- 海绵（可选）。

⚠ **安全及技术注意事项：**

- 学生在实验时应戴上非乳胶手套。
- 本实验只需要从热水龙头接的热水就足够了。
- 脏瓷砖应提前备好以便污渍变干。
- 留一块瓷砖做对比，只用水清洁，可以每组学生一块或着只需老师留一块。
- 学生可以通过两种方法测试洗涤剂。一是设定时间，将瓷砖泡在水和洗涤剂溶液中；二是设定次数，用海绵擦洗瓷砖。如果学生选择用海绵擦拭，最好鼓励学生次数不要太多，用海绵的光滑面擦拭一到两次就足够了。
- 提醒学生不要吃任何实验用的食物。
- 注意过敏现象。

实验方法：

教师准备工作：

　　准备好用来弄脏瓷砖的各种食物。

　　提醒学生这是一个公平测试，所以他们要明确一切需要控制的变量。

🎓 **学生任务：**

　　1. 首先你需要弄脏瓷砖，想想怎样才能保持实验的公平性。用老师提供的食物把瓷砖弄脏，将瓷砖放在安全的地方晾干。

　　2. 等瓷砖晾干后，你就可以开始做实验。准备好洗碗盆，再次提醒自己要保持实验的公平性。

　　3. 选择你想测试的第一种洗涤剂，往水里或海绵上加洗涤剂。

　　4. 将脏瓷砖放在水中泡到设定时间，或者按设定次数用海绵擦拭瓷砖。

　　5. 把清洁过的脏瓷砖放在纸巾上晾干。

　　6. 重复上述步骤，测试其他洗涤剂。

EXPERIMENT 78

📊 数据收集：
学生可以给他们的瓷砖拍照，并按照清洁程度进行排序。

差异化实验：
- **降低难度**：设置好时间，将瓷砖直接浸在食物中吸收污渍，这种方法对学生来讲更容易一些。
- **提高难度**：学生可以研究洗涤剂对不同类型污渍的清洁效果。

备选问题：
- 哪种洗涤剂最好？你认为原因是什么？
- 你认为洗涤剂是如何清除污渍的？
- 我们还能发现洗涤剂的其他特性吗？

拓展任务：
学生可以扩大最佳洗涤剂实验的范围，将本实验作为其中一部分。他们可以研究洗涤剂的其他因素，比如价格、气味、环保性等，来决定哪个才是最佳洗涤剂。

实验79
制作气垫船

学习目标：

制作并测试我们自己的气垫船。

实验简介：

学生用光盘和气球制作气垫船，并研究影响它行驶速度的因素。

前期知识准备：

学生应该了解什么是气垫船以及它是怎样行驶的。

科学背景知识：

气垫船是一种能在平地、水面和冰面上滑行的船，它依靠船上的螺旋桨在底部形成气垫向前行进，气垫的方向由船底的风扇控制。气垫船周围通常有软性裙围，用来封闭底部气垫，防止空气外逸。气垫能够减少船体和接触面之间的摩擦力，让气垫船在上面自由移动。气垫船由驾驶员行使并掌控方向。现在的气垫船大多在水上使用，并且通常是商用船。由于气垫船既能在地面也能在水面行驶，它又被称为水陆两栖船。

国家课程对接：

- **三年级课程**：力与磁

——比较物体在不同表面是怎样运动的。

- **六五年级课程**：力

——认识空气阻力、水的阻力和摩擦力在移动的物体表面之间的作用。

所需材料：

- 运动型饮料瓶盖（凸嘴型）。
- 新的空白CD或DVD光盘（或着没用了的旧光盘）。

EXPERIMENT 79

- 气球。
- 蓝丁胶。
- 计时器。

⚠️ **安全及技术注意事项：**

- 使用非乳胶气球以防过敏。
- 有些学生吹气球可能比较困难，需要老师的帮助。
- 告诉学生不要共用气球或着相互吹对方的气球。

实验方法：

教师准备工作：

准备好让气垫船滑行的平面，桌面就不错，但实验前必须用干布或纸巾彻底清洁。

🎓 **学生任务：**

1. 将瓶盖放在光盘中间的孔上，用蓝丁胶固定好，确保瓶盖完全盖住光盘孔，多用些蓝丁胶来固定。

2. 将气球吹满气，捏住气球口以防空气漏出。

3. 确保瓶盖上的开关是关闭的，现在将气球口穿过瓶盖的凸嘴部分。

4. 将气垫船放在干净的平面中间，打开瓶盖开关，开始计时，观察你的气垫船是如何移动的。当气垫船停止时，按下计时器并记录时间。

5. 现在重复实验，但只将气球吹一半，这次发生了什么？

数据收集：

实验次数	气垫船滑行时间（秒）	
	吹满气的气球	吹一半气的气球
1		
2		
3		

差异化实验：

- **降低难度**：在吹气球和把气球固定到气垫船上时，学生可能需要帮助。
- **提高难度**：学生可以对空气量的影响做个更系统的实验，他们可以研究例如一口气、两口气、三口气等产生的影响有何不同。

备选问题:
- 你认为是什么让气垫船移动的?
- 当你往气球里吹更多的气时发生了什么?你认为原因是什么?
- 你能想到让气垫船移动时间更长的其他方法吗?

拓展任务:
学生可以调查真实的气垫船是如何工作的,以及气垫船的用途。

EXPERIMENT 80

实验80
七叶树果实探秘

学习目标：

研究有关七叶树果实的秘闻是否属实。

实验简介：

学生研究有关加固七叶树果实的"秘法"是否属实，这些方法包括冷冻、用醋浸泡还有烘烤。

前期知识准备：

学生不需要任何预备知识来完成这个实验。

科学背景知识：

七叶树的果实就是马栗树的种子（马栗子），在九十月份的时候从树上自然脱落。据说有些方法能使这种果实变得更坚固，从而在传统的"打栗子"游戏中能坚持更长时间（"打栗子"游戏也叫"串果戏"，一种把七叶树果实用绳子串起来轮流攻击的儿童游戏）。三种最常见的方法是：醋泡、冷冻和烘烤。这些方法都是为了让果实外壳更加坚固，降低果实被击中时破裂的几率。没有太多证据表明哪种方法真的有用，但用醋泡有时会让果实更脆弱，因为果实表皮变软了，有传闻说冷冻和烘烤确实能让马栗子变得更坚固。通过测试这三种方法，并用处理过的马栗子和一颗没加工过的"标准栗子"做对比，看看这三种"秘法"是否真的管用。

国家课程对接：

■ **二年级课程：** 日常材料的使用

——了解某些材料制成的固体受到挤压、弯曲、扭曲和拉伸时形状会发生怎样的改变。

实验80

- **三年级课程**：力与磁

——注意：有些力需要物体相互接触才能产生作用，但磁力可以隔着一定距离产生作用。

- **五年级课程**：力

——认识空气阻力、水的阻力和摩擦力在移动的物体表面之间的作用。

所需材料：

- 七叶树果实（马栗树的栗子）。
- 烧杯。
- 冰柜。
- 烤箱。
- 绳子。
- 定时器。
- 纸巾。
- 手钻。
- 陈醋。

⚠ 安全及技术注意事项：

- 选择外表坚硬、对称、没有明显伤痕的马栗子。
- 老师应该在栗子上钻好穿线的洞，用手钻是最好的方法之一。
- 烤箱应该由老师操作，如果学生自己要把马栗子放进烤箱，自己取出，应该密切监督他们，带上防烫手套。
- 留一些果实充当"标准栗子"，以便对照实验结果，这些栗子不要做任何处理。
- 实验结束以后学生必须洗手。

实验方法：

教师准备工作：

收集足够的马栗子（你也可以让学生们来做），栗子被"加固"后才能打洞。

确定实验任务：是让各个小组三种"秘法"都研究，还是每组只研究一个。

🎓 学生任务：

用醋泡：

1. 把马栗子放进烧杯。
2. 倒入足够的醋，刚好没过栗子即可。
3. 开始计时，在醋液里浸泡两分钟。
4. 时间到了以后拿出马栗子，并用纸巾擦拭，放到干净的纸巾上晾干。

冷冻：

1. 把马栗子放到冰柜里冷冻一夜。

烘烤：

1. 请老师把烤箱加热到250℃。

2. 把马栗子放入烤盘，把烤盘放入烤箱，一定要戴防烫手套。

3. 开始计时，烤一分钟。

4. 时间到了以后，从烤箱中拿出马栗子，放到纸巾上晾凉，一定要戴防烫手套。

数据收集：

学生通过玩传统的打栗子游戏（串果戏），测试栗子的硬度，看看哪些栗子能"幸存"下来。还有一种更公平的测试方法，就是从同等高度扔下栗子，看看它们是否会破裂。

差异化实验：

- **降低难度：** 学生可能需要别人帮忙测试栗子的硬度，特别是他们在玩打栗子游戏时。
- **提高难度：** 学生可以选择他们自己想研究的"秘法"。

备选问题：

- 我们是否在努力证实有关马栗子的秘闻是否真实，你为什么这么想？
- 为了让实验更公平，还需要控制什么因素？
- 为什么我们要留一些栗子不做任何加固处理？

拓展任务：

学生可以研究打栗子游戏的来由，包括游戏规则。

实验81
保护鸡蛋

学习目标：

保护从一米高处落下的鸡蛋。

实验简介：

学生研究一种保护从一米高处落下的鸡蛋不摔破的最佳装置。

前期知识准备：

学生应该了解物体由于重力的作用会落向地面，不同的材料具有不同属性。

🔍 科学背景知识：

力是一种能改变物体的速度、方向或形态的东西，重力就是一个例子。没有支撑的物体会因为重力作用落向地面，物体下落时产生加速度（直到达到终端速度）。当下落的物体接触地面时，它突然停下，与地面的接触力可能会让物体破裂。想要保护物体，需要把接触力降到最低。一种方法是通过降低物体的下行速度，使物体能慢慢着陆，降落伞式的装置能做到这一点。另一种方法是找到能吸收接触力的材料，减少物体的受力，带很多垫料的装置可以做到这一点。

国家课程对接：

■ **二年级课程：** 日常材料的使用

——识别并比较各种日常材料的用途及其适用性，包括木头、金属、塑料、玻璃、砖、石、纸和硬纸板等。

■ **五年级课程：** 物质的属性和变化

——对金属、木头和塑料等日常材料进行对比和公平测试，分析其用途及原因。

■ **五年级课程：** 力

——没有支撑的物体会掉落地面，这是因为在地球和物体之间存在重力作用。

EXPERIMENT 81

——认识空气阻力、水的阻力和摩擦力在移动的物体表面之间的作用。

所需材料：

- 鸡蛋（提前煮好，嫩一点）。
- 学生给鸡蛋做保护装置的各种材料，例如鸡蛋盒、塑料袋、吸管、报纸、脱脂棉花、纸巾、棉纸、稻草、酸奶盒、剪开的紧身衣、米饭、膨化的谷物（例如膨化大米片或者棉花糖）、透明胶带等。
- 米尺。

⚠ 安全及技术注意事项：

- 确认所有装过食物的器具都被清洗干净。
- 提前煮好鸡蛋，可以防止出现生鸡蛋落地摔碎而弄得一团糟的情况。
- 提醒学生不要吃实验用的鸡蛋。
- 注意过敏现象。

实验方法：

教师准备工作：

　　煮好实验用的鸡蛋，火候嫩一点，最好多准备几个，以防学生做保护装置时打破鸡蛋。

　　准备好所有供学生挑选的材料，你可以给每组学生相同材料，或者让学生自由选择材料。

🎓 学生任务：

　　1. 你要尝试制作一个保护装置，能保护你的鸡蛋从一米高处落地时不破裂。

　　2. 花点时间看看提供给你的有哪些材料，与你的小组成员讨论哪种设计的装置最管用，在这个步骤里画出设计图对你会很有帮助。

　　3. 选出最好的设计，并挑选需要的材料。

　　4. 制作你的鸡蛋保护装置，如果画了设计图，制作时可以参照，你也可以边做边修改、完善你的设计。

　　5. 装置做好后交给老师，准备实验"大降落"。

📊 数据收集：

　　学生可以把保护装置画下来或拍照片，然后再给落地后的鸡蛋拍照。

差异化实验：

- **降低难度**：给学生一到两个"测试蛋"，允许他们在正式落地实验之前试一试自己的保护装置，他们可以根据测试结果改进保护装置。
- **提高难度**：限定材料让学生选择。

备选问题：

- 哪些设计的保护效果最好？你为什么这样认为？
- 哪些材料对鸡蛋的保护效果最好？你为什么这样认为？
- 如何改进我们的设计——例如增加防水功能，让它变得更好？

拓展任务：

　　学生可以研究类似的保护装置在现实生活中的工作原理，例如汽车的防撞溃缩区。

EXPERIMENT 82

— 实验82 —
CSI：犯罪现场调查

学习目标：
学习怎样在犯罪现场获取指纹。

实验简介：
学生学习如何从物体上获得指纹，以及从"嫌疑犯"身上提取指纹。

前期知识准备：
学生不需要任何特殊预备知识。

🔍 科学背景知识：
所有的人类（以及部分灵长类动物）生来就有指纹并终生保持不变，指纹实际上是皮肤的隆起纹理，人们认为指纹能够传递来自手指皮肤的神经冲动。每个人的指纹都是独一无二的，也就是说没有任何两个人的指纹相同，即便是双胞胎也不相同，因此可以根据犯罪现场遗留的指纹来辨别人的身份。指纹可以留在很多不同材料的表面上，但最常被发现的还是在光滑发亮的表面，例如玻璃。指纹是由指头上的汗水、油脂产生的，可以用粉末和特殊的胶带从物体表面获取指纹。法医学中使用的是铝粉，但铝粉很贵，所以也能用铁粉或面粉来代替。普通的透明胶带也可以用来获取指纹，然后将胶带粘到卡片上，这样就能看清指纹了。

国家课程对接：

■ **六年级课程：** 进化和遗传

——了解生物会繁衍同类后代，但是通常情况下后代会产生差异，与上一代并不完全相同。

> 实验82

所需材料：
- 软漆刷。
- 面粉。
- 可获取指纹的表面——光滑表面最理想，比如塑料，也可以用玻璃，但要当心玻璃破裂。
- 黑色卡片或者糖纸。
- 透明胶带。
- 放大镜。
- 黑色印泥或者手指画颜料。
- 白色卡片或者白纸。
- 指纹模板表（可以在网上找到）。

⚠️ **安全及技术注意事项：**
- 如果用玻璃做实验需要当心，小而亮的物体最为理想，比如烧杯。如果玻璃破裂，指导学生应该如何处理。
- 本实验可以用铝粉，效果非常好，但价格较贵。

实验方法：

教师准备工作：

准备好让学生练习提取指纹的各种物体，确保物体清洁干燥。向学生展示如何拿取物体，让学生做好准备后再在上面印上指纹。

🎓 **学生任务：**

提取指纹：

1. 小心拿着你准备提取指纹的物体，在没有准备好之前，不要留下太多指纹。

2. 在物体表面用力按下每个手指头，尽量保持几秒钟不动，别让指头相互碰到。

3. 用软刷蘸一下面粉，轻轻晃掉多余的面粉，在你印上指纹的地方小心地敷上面粉，你应该能发现面粉粘在了指纹上。

4. 当你觉得面粉已经完全覆盖指纹后，拿些透明胶带小心地粘在指纹处。现在慢慢地撕下胶带，面粉指纹会粘在胶带上。

5. 将胶带粘在黑色卡片或者糖纸上来保存你的指纹。

提取你的手指指纹：

1. 确保你的手清洁、干燥。

2. 将你的指纹采集表准备好放在身边。

3. 手指轻轻地按在印泥或墨水上，尽量别让你的指尖蘸得太湿。

4. 在指纹采集表上的正确位置轻轻地按下手指。

5. 重复以上步骤采集其他手指指纹。

6. 当所有指纹都采集好后，你可以和指纹模板表对比，看看能否发现你指纹中有什么图案。

数据收集：

学生可以给他们从物体表面提取的指纹拍照。

我的指纹：右手				
拇指	食指	中指	无名指	小指

我的指纹：左手				
小指	无名指	中指	食指	拇指

差异化实验：

- **降低难度：** 学生可以让老师帮忙提取他们的指纹。
- **提高难度：** 学生可以研究用这种方法还能从什么物体表面提取指纹。

备选问题：

- 你在自己的指纹中发现了什么图案？
- 你认为还能从哪些物体表面获取指纹？
- 为什么指纹在犯罪现场很有价值？

拓展任务：

学生可以调查指纹作为一种身份识别方法的历史由来。

实验83 "测量"光合作用

学习目标：

测量光合作用的效率。

实验简介：

学生通过观察泡在烧杯中的水草产生的气泡来研究光合作用的效率。

前期知识准备：

学生应当了解植物通过光合作用产生养分并释放氧气。

科学背景知识：

植物通过光合作用产生养分。要进行光合作用，植物需要通过叶子上的小洞（称为气孔）从空气中吸收二氧化碳，它们也需要水（从根部吸收）和光能（通过叶片里的叶绿体来吸收）。光合作用会生成葡萄糖，它是植物所需的能量。光合作用也会生成氧气，不过植物并不需要那么大的量（在呼吸过程中会消耗一些），所以氧气会通过气孔释放到空气中。用水草做实验可以很容易观察到植物释放氧气的过程，我们可以看到水中的气泡，这些气泡就是植物释放出的氧气。气泡越多，光合作用的效率越高。本实验也研究光和植物之间距离的影响，距离光越近，光合作用的效率越高。

国家课程对接：

■ 二年级课程：植物

——了解并描述植物为什么需要水分、光照以及适宜温度才能生长和保持健康。

■ 三年级课程：植物

——了解植物生存和生长所需要的条件（空气、光照、水分、土壤中的养分和生长空间），以及不同植物的需求有何差别。

EXPERIMENT 83

所需材料：

- 一些鱼草，约5厘米长。
- 灯或手电筒。
- 尺。
- 干净的烧杯。
- 计时器。
- 水。

⚠️ **安全及技术注意事项：**

- 本实验最好用水盾草属的鱼草，水盾草是一种家用玻璃水缸常用的水草，从水族馆（例如www.aquaessentials.co.uk）和宠物商店都能轻易买到。
- 提醒学生用水时小心周围的电灯，确保有足够的纸巾来擦干溅出的水。
- 将用完的水草扔进普通垃圾桶或者堆肥箱，由于这种水草是外来物种，不要扔进池塘。

实验方法：

教师准备工作：

为每组学生准备好水草段，每段水草都应该有从茎干切断的截面并带着很多叶子，截面是释放出氧气气泡的地方，实验前将水草段一直储存在装水的烧杯里。

🎓 **学生任务：**

1. 将烧杯装满水。
2. 将一段水草放入烧杯，茎干朝上，叶子朝下，确保整段水草都在烧杯里。
3. 将灯或手电筒放在离烧杯30厘米的地方，打开灯或手电筒，开始计时。
4. 数一数1分钟内你在烧杯中看到了多少气泡。
5. 重复上述步骤，测试下面表格中的不同距离。

数据收集：

灯/手电筒的距离（厘米）	1分钟内产生的气泡
30	
25	
20	
15	
10	
5	

差异化实验：
- **降低难度：** 全班一起做这个实验对学生来说更容易一些。
- **提高难度：** 学生可以将每种距离重复测试三次并计算平均值。

备选问题：
- 让灯/手电筒靠水草更近一些，气泡数量会有什么变化？你认为原因是什么？
- 你从实验结果中发现什么规律了吗？
- 如果我们将灯/手电筒移到40厘米远，你认为会发生什么变化？

拓展任务：
　　本实验可以跨学科与地理课作业相联系，学生可以研究热带雨林，为什么它们在产生氧气和吸收二氧化碳方面如此重要。

EXPERIMENT 84

— 实验84 —
挑剔的土鳖虫

学习目标：
研究土鳖虫喜欢什么样的栖息环境。

实验简介：
通过给土鳖虫搭建带有不同环境条件的"自选屋"，学生研究土鳖虫更喜欢什么样的栖息环境。

前期知识准备：
学生应当了解不同动物生活在不同环境中。

🔍 科学背景知识：

土鳖虫是一种甲壳纲动物（不是昆虫），身体外面有一层壳来保护自己。如果土鳖虫遇到危险，会卷成一个球，只将壳露在外面。在英国，生活着40多种不同类型的土鳖虫。土鳖虫是食草动物，主要以腐烂的树叶、植物为食。它们喜欢黑暗潮湿的环境，比如石头和木头下面，通过"自选屋"可以研究它们对栖息环境的喜好（自选屋是人为搭建的模拟各种栖息环境的容器）。将土鳖虫放进去一段时间（通常在1小时以内），它们通常会爬到自己喜欢的地方并待在那里。

国家课程对接：

■ **二年级课程：** 生物及其栖息环境

——认识到大多数生物都生活在适宜的环境中，描述不同的栖息环境如何提供各种动植物的基本生存条件，以及它们之间有怎样的相互依存关系。

——辨认各种栖息环境中的动植物并说出名称，包括微生境。

- **四年级课程**：生物及其栖息环境

——认识到环境是会发生改变的，有些变化会给生物带来威胁。

- **六年级课程**：进化和遗传

——了解动植物如何以不同方式适应环境，这种适应性可能导致生物进化。

所需材料：

- 自选屋或者小的、透明的带盖塑料盒，比如培养皿，这些可在以下两个网站买到（网址www.betterquipped.co.uk和www.hope-education.co.uk）。
- 黑色纸张。
- 水。
- 纸巾。
- 颜料刷。
- 剪刀。
- 土鳖虫。

⚠ 安全及技术注意事项：

- 提醒学生土鳖虫是活的，应当小心处理。
- 实验结束后学生应当洗手。

实验方法：

教师准备工作：

为学生收集好实验用的土鳖虫，土鳖虫一般能在潮湿的石头、木头下面找到，每组学生使用3~5个土鳖虫即可。

学生任务：

1. 你需要将你的容器分成四种环境，包括：
   - 阴暗而干燥；
   - 阴暗而潮湿；
   - 明亮而干燥；
   - 明亮而潮湿。

2. 在黑纸上沿着容器边缘画出轮廓并剪下来，将黑纸剪去一半，把一半黑纸粘在容器盖子上，让黑纸能够遮住半边容器。

EXPERIMENT 84

3. 裁剪纸巾，大小正好铺上半边容器。用纸巾快速蘸一点水，让纸巾潮湿但不湿透。将纸巾放在容器里，盖住半边容器底。重要提示：确保半数的湿纸巾被黑纸遮住，另一半没遮住。

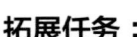 **数据收集：**

土鳖虫数量	
阴暗而干燥	明亮而干燥
阴暗而潮湿	明亮而潮湿

差异化实验：

- **降低难度：** 学生可能需要老师帮助做自选屋。
- **提高难度：** 学生可以自己尝试创造不同的栖息环境，而不是按照指示做。

备选问题：

- 土鳖虫更喜欢哪种环境？你认为原因是什么？
- 我们能在户外哪些地方找到土鳖虫？
- 如果土鳖虫找不到它们喜欢的生存环境，会发生什么？

拓展任务：

学生可以根据本实验结论，推测校园里哪些地方可以找到土鳖虫，然后学生可以进行"猎虫游戏"来看看他们的推断是否正确。

实验85
探究小熊软糖

学习目标：

研究将小熊软糖放进不同的溶液里会发生什么。

实验简介：

学生研究把小熊软糖放进水里和其他溶液里会发生什么。

前期知识准备：

学生不需要任何预备知识来完成本次实验。

科学背景知识：

小熊软糖是含有胶质的糖果，制作小熊软糖时，原料被加热，胶质凝固，软糖内的水分被排出，这意味着软糖内几乎没有水分。如果将小熊软糖放在水里，水分会进入软糖内部。水的移动是由于渗透作用，水分透过渗透膜从低浓度的区域移动到高浓度的区域，这会导致小熊软糖膨胀。如果把小熊软糖放在盐水里，水分会从软糖内渗透出来，导致小熊轻微地收缩（毕竟软糖内水分不多）。如果将小熊软糖放在含醋的水里，醋酸会溶解掉软糖表面的薄膜。如果将小熊软糖放在加了小苏打的水里，软糖也会膨胀，但不会像在清水里胀得那么大。

国家课程对接：

- **一年级课程：**日常材料

——描述各种日常材料的基本物理属性。

- **五年级课程：**物质的属性与变化

——了解有些物质会溶解形成溶液，并描述如何从溶液中提取物质。

EXPERIMENT 85

所需材料：

- 小熊软糖。
- 水。
- 盐。
- 醋。
- 小苏打。
- 烧杯。
- 天平。
- 尺。
- 标签贴纸。
- 数码相机（可选）。

⚠ 安全及技术注意事项：

- 提醒学生未经允许不能吃小熊软糖。

实验方法：

教师准备工作：

准备好能将烧杯存放过夜的地方。

🎓 **学生任务：**

1. 取一个小熊软糖，用尺测量它的长度，记录在实验结果表里，用天平称一下它的重量，也记录下来。

2. 将一个烧杯倒上水，把刚才测量过的软糖放进去，在烧杯上贴上标签"水"。

3. 再取一个小熊软糖，测量它的长度和质量，在表格中记录下来。

4. 将另一个烧杯倒上水，然后加入一勺盐，搅拌均匀。把刚才测量过的小熊软糖放进烧杯，并贴上标签"盐水"。

5. 再取一个小熊软糖，测量它的长度和质量，在表格中记录下来。

6. 再取一个烧杯倒上水，加入一勺小苏打，搅拌均匀，把刚才测量过的小熊软糖放进烧杯，并贴上标签"小苏打水"。

7. 取最后一个小熊软糖，测量它的长度和质量，在表格中记录下来。

8. 再取一个烧杯倒上水，加入一勺醋，搅拌均匀，把刚才测量过的小熊软糖放进烧杯，并贴上标签"醋水"。

9. 将这些烧杯放在安全的地方过夜，第二天再来观察它们。

📊 **数据收集：**

溶液	开始的长度（厘米）	开始的质量（克）	浸泡后的长度（厘米）	浸泡后的质量（克）	观测结果
水					
盐水					
小苏打水					
醋水					

学生也可以给他们的小熊软糖拍摄"实验前"和"实验后"的对比照片。

差异化实验：

- **降低难度**：测量小熊软糖长度时学生可能需要帮助。
- **提高难度**：学生可以自制其他的溶液来测试小熊软糖。

备选问题：

- 小熊软糖泡在水/盐水/小苏打水/醋水中发生了什么？你认为原因是什么？
- 还有哪些液体可以用来给小熊软糖做实验？你认为会发生什么？
- 你认为我们能让小熊软糖恢复到原始大小吗？

拓展任务：

学生可以研究果冻，观察它怎样从固体变为液体，再重新变为固体，以及在什么温度下形态发生了变化。

EXPERIMENT 86

实验86
制造波浪

学习目标：

建造沙滩并观察波浪是如何形成的。

实验简介：

学生研究波浪是如何在沙滩上形成的。

前期知识准备：

学生不需要任何预备知识来完成本次实验。

科学背景知识：

沙滩是沿着水体自然形成的，沙滩可能由石头颗粒、沙子、卵石、砂砾以及贝壳碎片组成，这取决于沙滩所在地区的自然地质情况。沙滩露出水面的部分被称为滩肩，倾斜到水中的部分被称为滩面，有些滩面尽头会有一个水槽。沙滩的形状、结构以及组成物质都受到波浪运动的影响，小颗粒被移动并沉淀下来，周边的悬崖会被侵蚀。风也会影响沙滩向内陆移动，例如将沙子吹积成沙丘。

国家课程对接：

- **三年级课程：石头**

——根据石头的外观和基本物理特点，比较不同种类的石头并进行归类。

- **五年级课程：力**

——认识空气阻力、水的阻力和摩擦力在移动的物体表面之间的作用。

所需材料：

- 大塑料桶，比如冰激凌桶。
- 小的空塑料瓶。

实验86

- 沙子。
- 砂砾或者小石子。
- 烧杯。
- 计时器。
- 水。
- 数码相机（可选）。

⚠️ **安全及技术注意事项：**

- 用干净的沙子和砂砾来做实验，这些可以在园艺店买到。
- 实验后学生应当洗手。

实验方法：

教师准备工作：

为学生准备好大桶的沙子和砂砾，如果塑料桶装过东西，确保清洗干净。

🎓 **学生任务：**

1. 在桶底铺上沙子，堆积沙子，将大部分沙集中在桶的一侧，这就是你的"沙滩"。

2. 往桶里的另一侧倒一烧杯水，这就是你的"海"。

3. 给你的沙滩和海拍张照。

4. 拿一个塑料瓶（一定要盖好盖子），让它漂浮在你的海上，瓶子要水平躺着。

5. 开始计时，轻轻地上下推动瓶子来制造波浪，不要让水晃到桶边另一侧。

6. 一分钟后停下来，看看你的沙滩，发生了什么？给你的沙滩拍张照。

7. 开始计时，再次上下推动瓶子。1分钟后停止，看看你的沙滩发生了什么？给你的沙滩拍张照。

8. 将沙滩的沙子弄平，再拍张照。

9. 现在，在沙滩上加一把砂砾，应该加在沙滩中间，就是沙滩与海交界的地方，有些砂砾可以投进海里。

10. 开始计时，再次上下推动瓶子。1分钟后停止，看看你的沙滩发生了什么？给你的沙滩拍张照。

11. 开始计时，并再次制造波浪。1分钟后停止，看看你的沙滩发生了什么？给你的沙滩拍张照。

EXPERIMENT 86

数据收集：

学生可以在实验的各个阶段给沙滩拍照。

差异化实验：

- **降低难度**：本实验可以全班一起做。
- **提高难度**：学生可以将砂砾放在沙滩的不同位置或者多放几堆砂砾，研究这样做对实验有什么影响。

备选问题：

- 没有加入砂砾前，沙滩在经历波浪之后发生了什么？
- 第一次制造波浪和第二次制造波浪后，沙滩有何不同？你认为是什么原因？
- 加入砂砾以后，沙滩在经历波浪后发生了什么？你觉得为什么会这样？

拓展任务：

本实验可以跨学科和地理课作业相联系，学生可以研究沙子、沙滩以及沙丘是如何形成的。

实验87
快叫医生

学习目标：
练习成为一名外科医生。

实验简介：
学生用羊的心脏进行简单的解剖实验来学习心脏的功能和结构。

前期知识准备：
学生应该知道心脏是什么以及它在身体里的作用。

🔍 科学背景知识：

心脏的首要作用是将血液输送到全身，心脏虽然只是一块肌肉，但它属于肌原性肌肉，这意味着它是自主跳动，不需要我们的神经系统去控制。人体有两个循环系统，心脏先将缺氧血液输送到肺部，血液在那里获得氧气后再返回心脏，然后心脏将这些含氧血液输送到全身。心脏分为四个腔室，上部的两个称为心房（右心房和左心房），下部的两个称为心室（右心室和左心室），心房比心室小很多。心房和心室之间的部分是瓣膜，它能够确保血液只单向流动。心脏左侧（尽管你面向人体时它在右侧）比心脏右侧厚很多，肌肉也更发达，因为左侧需要将血液输送到全身而右侧只需要将血液输送到肺部。血液通过心脏输送，依次流经右心房、右心室、肺（经由肺动脉）、左心房（经由肺静脉）、左心室以及身体其他部位。

国家课程对接：

■ **六年级课程**：动物，包括人类

——认识人体循环系统的主要部位并说出名称，描述心脏、血管及血液的功能。

EXPERIMENT 87

所需材料：

- 羊的心脏。
- 剪刀。
- 放大镜。
- 非乳胶手套。
- 围裙。
- 纸巾或者白瓷砖。
- 垃圾袋。
- 消毒剂（清洗用）。

⚠ 安全及技术注意事项：

- 只要用的原料是从肉铺或商店购买的食用肉类品，那么在小学开展解剖实验是安全的。肉类品必须仍处于保质期内，使用前应当冷冻在冰箱里。用羊的器官来做实验可以避免宗教忌讳，可以参考CLEAPSS网站上的指导，网址：www.cleapss.org.uk/attachments/article/0/Looking%20at%20(Dissecting)%20animal%20organs%20in%20primary%20schools,%20health%20and%20safety%20aspects.pdf?Conferences/ASE%202014/.
- 注意有的学生可能不愿意参加解剖实验，为他们准备一种替代性活动。
- 只要剪刀够锋利，应该足够应付大多数肉类的解剖，可以使用安全剪刀（圆头的）做实验。
- 学生应当戴好非乳胶手套，穿好围裙，卷起袖子，并摘掉手表、首饰。
- 解剖时下面垫上一些厨用纸巾或者白瓷砖。
- 解剖的材料、手套和纸巾等应当在实验结束后立即装进垃圾袋，如果垃圾不能及时被收集清运，应当将垃圾袋封口并放在冰箱里直到被垃圾车收走。
- 实验结束后应该用消毒剂清洗桌子，如果使用白瓷砖，应该用热肥皂水清洗。
- 围裙应当用热肥皂水清洗或者擦干净。
- 实验后学生应当洗手。

实验方法：

教师准备工作：

购买足够的羊心脏，在使用前将它们保存好，在学生正式实验前，你可能需要练习一下解剖。

🎓 学生任务：

1. 确保你戴好手套，穿好围裙，将羊心脏放在厨用纸巾或者白瓷砖上。
2. 仔细观察这个心脏，它看起来像什么？它是什么颜色的？各处颜色都一样吗？摸起来什么感觉？各处摸起来都一样吗？记录你的观察结果。

3. 用剪刀小心地剪开心脏，从心脏的顶部往下剪，只需要剪开心脏的上部，这样你就可以像打开一本书一样打开它。

4. 观察心脏的内部，你能看见什么？用你的放大镜来观察心脏内部的细节。你能看见什么结构？摸摸心脏的壁，摸起来什么感觉？记录你的观察结果。

5. 结束实验后，按照老师的指导处理掉羊心脏和手套。

数据收集：

学生可以将实验过程和观察结果画下来并记笔记，也可以拍照片。

差异化实验：

最好让高年级课程的学生做这个实验，但低年级课程学生可以观看解剖演示。他们可以戴上手套、穿上围裙，"打扮"成外科医生的样子，在你解剖心脏时提示接下来的步骤。

备选问题：

- 你从哪些方面观察了心脏？
- 心脏和你想象中的一样还是不同？
- 你认为我们的心脏与这个羊心脏相似吗？你为什么这么想？

拓展任务：

学生可以调查心脏外科手术的历史，包括1967年在南非进行的第一例心脏移植手术。

EXPERIMENT 88

实验88
做个弹力球

学习目标：

做个弹力球！

实验简介：

学生用泻盐（硫酸镁）和PVA胶制作弹力球，并研究它们的弹性如何。

前期知识准备：

学生不需要任何预备知识来完成本次实验。

🔍 科学背景知识：

弹力球通常是用塑料或者橡胶制作的，这些材料是高分子聚合物，意思是说它们是由更小的单位（称为单体）连在一起组成的长链，这些长链能被拉伸或者挤压在一起，从而使这些材料具有弹性。本实验中，PVA胶里的高分子聚合物与泻盐发生反应产生交叉联合。随着时间推移，这种弹力球开始失去弹性，最终不再有"弹力"——把球放在密封的塑料袋中可以减缓这一过程。

国家课程对接：

■ **二年级课程**：日常材料的使用

——了解某些材料制成的固体受到挤压、弯曲、扭曲和拉伸时形状会发生怎样的改变。

■ **五年级课程**：物质的属性与变化

——根据硬度、溶解度、透明度、传导性（导电和导热）、磁性等物理属性，对日常材料进行比较和归类。

——对金属、木头和塑料等日常材料进行对比和公平测试，分析其用途及原因。

——解释有些物质的变化会生成新物质（这种改变通常是不可逆的），这些变化

包括燃烧反应和酸碱反应等。

所需材料：

- 泻盐。
- PVA胶。
- 烧杯或者塑料杯。
- 碗。
- 量勺。
- 搅拌器。
- 纸巾。
- 塑料食品袋。
- 水。
- 橡胶弹力球，做对比用（可选）。

⚠️ **安全及技术注意事项：**

- 实验不需要开水，热水龙头的热水就足够了。
- 球做好后最好用塑料袋保存。

实验方法：

教师准备工作：

准备好碗，分别盛放水、泻盐和PVA胶。

🎓 **学生任务：**

1. 将一大勺PVA胶放进烧杯。

2. 在另一个烧杯中加入1/2茶匙的水和1/2茶匙的泻盐，搅拌让泻盐溶化，如果有些泻盐没溶化也不要紧。

3. 将水和泻盐的混合液倒入装有PVA胶的烧杯，搅拌混合液体。

4. 持续搅拌直到形成一个大块。

5. 拿出这个大块，稍微滚动一下，然后放在纸巾上。用纸巾轻轻地挤压出多余的水分，用手揉捏，直到做成一个光滑的球。

6. 试着弹弹你的球。

7. 将你的弹力球保存在塑料袋里以保持它的弹性。

数据收集：

学生可以测试他们的弹力球，看看能弹多高，给全班同学做个表格记录每个球弹起的高度。

学生姓名	弹力球弹起的高度

差异化实验：

- **降低难度**：可以将原料按量配好后发给学生。
- **提高难度**：学生可以研究泻盐和PVA胶的数量配比变化会如何影响弹力球的弹性。

备选问题：

- 为什么你做的弹力球能够弹起来？
- 你做的弹力球和橡胶弹力球相比怎么样？
- 你的弹力球在哪种材料表面上弹得最高？你认为原因是什么？

拓展任务：

学生可以将他们做的弹力球和塑料球、橡胶球进行比较，进行对比公平测试。

实验89
制作迷你火箭

学习目标：

设计制作一个迷你火箭。

实验简介：

学生用胶卷筒制作一个微型火箭，水和"我可舒适"牌泡腾片[①]发生反应产生大量气体，让"火箭"升空。

前期知识准备：

学生应该了解气体中的粒子是如何排列的。

科学背景知识：

本实验的工作原理来自水和泡腾片发生的反应。泡腾片溶于水时，会产生二氧化碳气体，气体在封闭的胶卷筒中聚集，最终填满筒内的所有空间。继续产生的气体会使胶卷筒内压力增加，最后，胶卷筒内部压力太大而推开筒盖，在气体的推动力下使火箭升空。这个现象的发生是因为牛顿第三定律，即每个作用力都会产生大小相等、方向相反的反作用力，气体向下的推动力导致火箭向上发射。如果想把胶卷筒改进一下，做得更像火箭，可以把它卷在硬纸筒里，再加上尾翼部分，这些改动也有助于火箭的飞行。为了火箭最终着陆，可以在顶部增加一个降落伞。

国家课程对接：

- **五年级课程**：物质的属性与变化

——对金属、木头和塑料等日常材料进行对比和公平测试，分析其用途及原因。

[①] 英文原名是Alka-Seltzer，一种泡腾剂式消食片药品，用于治疗消化不良。

EXPERIMENT 89

——解释有些物质的变化会生成新物质（这种改变通常是不可逆的），这些变化包括燃烧反应和酸碱反应等。

■ **五年级课程：力**

——没有支撑的物体会掉落地面，这是因为地球和物体之间存在重力作用。

——认识空气阻力、水的阻力和摩擦力在移动的物体表面之间的作用。

所需材料：

- 空的胶卷筒。
- "我可舒适"牌泡腾片。
- 水。
- 硬纸板。
- 透明胶带。
- 制作降落伞的材料，例如小的食品袋、绳子、棉纸（可选）。
- 计时器。

⚠ 安全及技术注意事项：

- 确保胶卷筒盖子朝下放在地面上。
- 盖子必须盖紧，否则气体会泄露，火箭无法升空。
- 火箭升空时，让学生站到至少两米开外。
- 不允许学生靠近还没发射的火箭，靠近前等待至少1分钟。
- 实验结束后学生应当洗手。
- 提醒学生不要喝实验用水。

实验方法：

教师准备工作：

选择一个合适的火箭发射地点，地点应该选在室外平地上，远离一切可能被乱飞的火箭碰坏的物体。

🎓 学生任务：

1. 为你的火箭画一张草图，对设计感到满意后，再挑选你所需要的材料。
2. 制作你的火箭，确保胶卷筒能平稳的放在地面上，盖子朝下。
3. 做好火箭后，小心在胶卷筒里倒入一半的水。

4. 盖上火箭的盖子。

5. 当你做好发射准备时，（老师会告诉你什么时候）放一片泡腾片到胶卷筒里，盖子盖牢，将胶卷筒放置在地面上，盖子朝下，你需要迅速完成这些动作。

6. 退后并观察火箭发射，当火箭升空时，开始计时，记录胶卷筒再次落回地面所用的时间。观察你的火箭是怎样飞行的，它是直着向上飞吗？它也是直着回落吗？

数据收集：

学生可以拍摄火箭发射的视频，并记录火箭从升空到落地的时间。

差异化实验：

- **降低难度**：学生可能需要老师帮忙发射火箭，因为他们可能来不及把筒盖盖好。
- **提高难度**：学生可以研究加入不同数量的泡腾片对火箭会有什么影响，比如1/4片、1/2片、1片。

备选问题：

- 你认为我们做的火箭为什么会升空？
- 你是怎样设计火箭的？你为什么要这么设计？你认为它有什么作用？
- 你能想到其他方法让我们的火箭升空时飞得更高吗？

拓展任务：

学生可以研究真实的航天火箭是怎样从地面发射升空，又是怎样再次着陆的。

EXPERIMENT 90

实验90
提取DNA

学习目标：

从草莓中提取DNA。

实验简介：

学生用自制的DNA提取溶液从草莓中提取DNA。

前期知识准备：

学生应该了解生物体会从它们的父母那里继承某些特征。

科学背景知识：

所有的生物体都含有DNA（脱氧核糖核酸），它存在于生物体的每个细胞。DNA包含所有基因信息，就像一本指导手册，确保生物体按照预定轨迹发育和发挥机能。DNA包含很多基因：每个基因都记载着生物体的某种特征，例如眼睛的颜色。基因是一种非常小的分子，它的外形呈双螺旋结构（两条反向平行的链条相互缠绕，看起来像扭曲的梯子），正常情况下肉眼无法看到，DNA可以从细胞中提取。草莓特别适合本实验，因为它们拥有大量的染色体，很容易被看到和提取。提取液由洗洁精（能分解细胞膜，释放出DNA）和盐组成，盐能断开连接DNA两个链条之间的纽带。DNA不溶于酒精（尤其不溶于冷酒精），所以用酒精来代替水做溶液基。

国家课程对接：

- **六年级课程：** 进化与遗传

——了解生物会繁衍同类后代，但是通常情况下后代会产生差异，与上一代并不完全相同。

实验90

所需材料：

- 草莓。
- 酒精（冷）。
- 量筒。
- 过滤纸。
- 洗洁精。
- 水。
- 烧杯。
- 茶匙。
- 盐。
- 有拉链的冷藏袋。
- 漏斗。
- 棒棒糖棍。

⚠️ **安全及技术注意事项：**

- 全程监督学生使用酒精。
- 酒精易燃，远离一切明火和热源。
- 酒精的温度要尽量低，所以把它放进冰箱或冰柜里，需要的时候再拿出来。
- 如果没有酒精，可以用洗手液代替。
- 你可以批量制作DNA提取液，让学生按需拿取。把900毫升水和100毫升洗洁精混合，加入3茶匙盐，并一起搅拌。或者你也可以让学生自己做提取液，他们应该用90毫升水、10毫升洗洁精和半茶匙盐。

实验方法：

教师准备工作：

把酒精冷藏起来，如果无需学生们做提取液，你自己提前做好。

🎓 **学生任务：**

1. 把一个草莓放入你的拉链冷藏袋。
2. 往冷藏袋里加入100毫升提取液。
3. 拉上拉链，碾碎草莓，直到看不见大的碎块。
4. 把漏斗放入烧杯，折一张滤纸（老师会教你怎么做）放进漏斗。
5. 把碎草莓倒入漏斗，让草莓汁流进烧杯里，尽量把所有草莓和汁都倒入漏斗。
6. 用茶匙碾压漏斗里残留的草莓碎块，让尽可能多的草莓汁流进烧杯。
7. 取出漏斗，往烧杯内倒入5毫升冷酒精。
8. 仔细观察烧杯，你能看见发生了什么事？
9. 你应该能看见溶液上面漂浮着一些白色带状物，这就是DNA。用棒棒糖棍取出DNA。

数据收集：

学生可以给自己提取出来的DNA和实验的各个步骤拍摄照片。

差异化实验：

- **降低难度**：学生可以坐享现成的提取液，他们只要按需要的量拿取即可。
- **提高难度**：学生可以尝试从其他水果中提取DNA，看看从哪种水果中提取的样本最好。香蕉和猕猴桃很不错，但葡萄不怎么样。

备选问题：

- 向草莓溶液中加入酒精的时候，你观察到了什么？
- 你提取出的DNA是什么样子？跟你的预期一样吗？
- 你认为草莓为什么需要DNA？

拓展任务：

学生可以调查DNA是怎么被发现的，参与其中的科学家有哪些人。

实验91
制作柠檬汽水

学习目标：

自制嘶嘶冒泡的柠檬汽水。

实验简介：

学生用小苏打制作一杯冒泡的柠檬汽水饮料。

前期知识准备：

学生应该了解有些物质溶于水。

科学背景知识：

气泡型饮料之所以冒泡是因为它们含有二氧化碳气体。二氧化碳气体是被高压注入饮料中的，这也是为什么你打开气泡型饮料时，气泡会上涌，有时还能溢出瓶口。二氧化碳气体在饮料中溶解，形成了弱酸性溶液（碳酸）。碳酸会损害牙齿表面的釉质，这也是气泡型饮料对牙齿不好的一个原因（还有个原因是含糖量高）。本实验中的二氧化碳是把碱和酸混合到一起而产生的，碱用的是小苏打，酸则是柠檬汁。

国家课程对接：

- **二年级课程**：动物，包括人类

——描述合理运动、饮食得当和讲究卫生对人类的重要性。

- **三年级课程**：动物，包括人类

——了解动物，包括人类，需要适宜和适量的营养，他们不能自己制造食物，只能靠摄取食物获得营养。

- **四年级课程**：物质的形态

——比较物质的形态，把物质按固体、液体或气体进行分类。

EXPERIMENT 91

五年级课程：物质的属性和变化
——比较物质的形态，把物质按固体、液体或气体进行分类。
——解释有些物质的变化会生成新物质（这种改变通常是不可逆的），这些变化包括燃烧反应和酸碱反应等。

所需材料：

- 柠檬。
- 大水壶或大烧杯，装满水。
- 糖。
- 小苏打。
- 茶匙。
- 切柠檬的小刀。

⚠ 安全及技术注意事项：

- 确保所有食物准备区干净卫生，学生在实验之前要洗手。
- 如果学生自己切柠檬，要进行监督，使用金属刀，而不是塑料刀。
- 检查有没有过敏现象。
- 尽量避免使用玻璃壶或玻璃烧杯。
- 切柠檬之前，把它们在坚硬的表面上滚一滚，这有助于挤压出汁。
- 你可以先试做一遍实验，看看你的烧杯或水壶需要多少柠檬汁。
- 确认本实验得到了学生父母的许可。

实验方法：

教师准备工作：

如果不用学生切柠檬，老师提前把柠檬切成两半，先试做一遍实验，看看需要用多少柠檬汁。

🎓 学生任务：

1. 往你的水壶或烧杯里倒水。
2. 把切好的柠檬对着水挤汁，尽可能多挤点，你可能需要不止一个柠檬，老师会告诉你要用多少。
3. 加入一茶匙小苏打，并搅拌直至溶解。

4. 加入一茶匙糖，尝尝你的柠檬水，如果不够甜，你可以再加点糖。

5. 你的柠檬汽水味道如何？你在柠檬汽水里能看到什么东西？

数据收集：

学生可以把原料和制作方法画下来或拍照片，做一份配插图的柠檬汽水食谱，还可以加上注释，解释背后的科学原理。

差异化实验：

- **降低难度**：为学生按量配好原料。
- **提高难度**：学生可以制作不同的气泡型饮料，例如酸橙汽水和橘子汽水，比较这几种汽水的气泡数量和含糖量（需要放多少糖才能变甜）。

备选问题：

- 你自制的柠檬汽水味道如何？跟普通的柠檬汽水味道一样还是有些不同？
- 你认为我们能从柠檬汽水中把柠檬汁和糖还原吗？
- 你认为这是制作柠檬汽水的最佳方法吗？你认为原因是什么？

拓展任务：

学生可以调查气泡型饮料对我们的牙齿有什么影响，用煮熟的白壳鸡蛋做个演示，把鸡蛋泡在可乐里过夜，看看对鸡蛋壳有什么影响。

EXPERIMENT 92

―― 实验92 ――
制作熔岩灯

学习目标：

自己制作熔岩灯。

实验简介：

学生用塑料瓶和"我可舒适"泡腾片，做一盏熔岩灯。

前期知识准备：

学生不需要任何预备知识来完成实验。

🔍 科学背景知识：

本实验的工作原理基于不同液体的密度不同，以及泡腾片和水发生的化学反应。植物油和水的密度不同，在瓶子里能沉淀分为两层，水在下层而油在上层，食用色素穿过植物油沉到下面与水相融。加入泡腾片，它们和水发生反应，产生二氧化碳气泡。气泡上升穿过食用油层，带起一团团彩色的水，形成了"熔岩灯"。二氧化碳气体到达瓶口后挥发了，导致彩色的水团重新下沉，只要继续向瓶内加入泡腾片，"熔岩灯"就会一直工作。

国家课程对接：

- **四年级课程：** 物质的形态

——比较物质的形态，把物质按固体、液体或气体进行分类。

- **五年级课程：** 物质的属性和变化

——根据硬度、溶解度、透明度、传导性（导电和导热）、磁性等物理属性，对日常材料进行比较和归类。

所需材料：

- 小塑料瓶。

- "我可舒适"牌泡腾片。
- 植物油。
- 食用色素。
- 漏斗。
- 杵和臼或者小塑料袋。
- 水。
- 数码相机（可选）。

⚠ **安全及技术注意事项：**

- 做完实验后学生必须洗手。
- "熔岩灯"工作时不能拧上瓶盖，实验过后可以拧上盖子。

实验方法：

教师准备工作：

确认所有塑料瓶都是干净的空瓶。

🎓 **学生任务：**

1. 把漏斗放入塑料瓶的瓶颈，倒入食用油，约1/2满。
2. 往瓶里倒水，直到差不多装满。
3. 静置几分钟，让瓶子里的油和水沉淀分层。
4. 向瓶内加入10滴食用色素。
5. 用杵和臼捣碎泡腾片，或者把泡腾片装入塑料袋，用尺子轻轻碾压。
6. 把碾碎的泡腾片放入瓶内，观赏"熔岩灯"。
7. 如果想要"熔岩灯"再度工作，再放入一片碾碎的泡腾片。

🧪 **数据收集：**

学生可以给他们的"熔岩灯"拍照或着录像。

差异化实验：

- **降低难度**：按量为学生配好原料。
- **提高难度**：学生可以研究使用不同温度的水对熔岩灯有什么影响，例如冷水、常温水、热水。

备选问题：
- 为什么植物油和水会在瓶子里分层？
- 你往瓶子里加入泡腾片以后，发生了什么现象？你认为原因是什么？
- 如果我们往瓶子里加入更多的泡腾片，你认为会发生什么事？

拓展任务：
　　学生可以研究真正的熔岩灯是如何工作的。熔岩灯里有蜡悬浮在液体里，当灯座里的灯泡加热液体时，形状不定的蜡滴就会上浮和下沉。

实验93
制作黏泥

学习目标：
　　自制黏泥。

实验简介：
　　学生用PVA胶和玉米淀粉制作"黏泥"。

前期知识准备：
　　学生不需要任何预备知识来完成实验。

🔍 科学背景知识：
　　本实验制作的"黏泥"是一种"非牛顿流体"，这意味着它的特征不同于普通的液体。"非牛顿流体"同时具有固体和液体的属性，它可以像液体那样流动，形状随所盛容器而定，但是它也能形成实心球体。如果被击打，它会呈现固态，而不是到处飞溅，这是因为"非牛顿流体"对力有反应。如果不对它施加力，比如放在碗里的液体，它就像普通液体一样。但是一旦受到力的作用，比如被拿捏和挤压，它的反应就会像固体那样，这是由于力会导致流体的分子锁定在一起。蛋奶沙司也是一个"非牛顿流体"的例子。

国家课程对接：

■ **二年级课程：** 日常材料的使用
——了解某些材料制成的固体受到挤压、弯曲、扭曲和拉伸时形状会发生怎样的改变。

■ **五年级课程：** 物质的属性和变化
——根据硬度、溶解度、透明度、传导性（导电和导热）、磁性等物理属性，对日常材料进行比较和归类。

EXPERIMENT 93

——解释有些物质的变化会生成新物质（这种改变通常是不可逆的），这些变化包括燃烧反应和酸碱反应等。

所需材料：
- PVA胶。
- 玉米淀粉。
- 食用色素（可选）。
- 烧杯。
- 大汤匙。
- 食品包装袋。
- 数码相机（可选）。

⚠ 安全及技术注意事项：
- 做完实验后学生必须洗手。
- 黏泥制作好以后，最好保存在塑料袋里。

实验方法：
教师准备工作：

把PVA胶和玉米淀粉用碗盛好。

🎓 **学生任务：**

1. 向烧杯内倒入一半容量的PVA胶。

2. 加入一大勺玉米淀粉，和PVA胶一起搅拌。

3. 继续一勺一勺地加入玉米淀粉并搅拌，直到混合物变黏变硬，但是仍能搅动。

4. 加入几滴食用色素，和PVA胶一起搅拌直至颜色均匀，如果混合物太稀，可能需要再加淀粉。

5. 静置一分钟等待黏液"凝固"，然后从烧杯中取出，你的黏泥有什么特性？

🧪 数据收集：

学生可以给他们的黏泥拍照，也可以记录黏泥的属性特征，例如它能被拉多长，是否有弹力，是否能被挤压，以及是否能流动，等等。

差异化实验：
- **降低难度**：为学生按量配好原料。

- **提高难度**：学生可以改变PVA胶和玉米淀粉的配比，看看对黏泥有什么影响。

备选问题：

- 你的黏泥有什么属性特征？
- 如果我们多加点PVA胶/玉米淀粉，你认为混合物会发生什么变化？
- 你认为我们能从黏泥中还原出PVA胶和玉米淀粉吗？

拓展任务：

学生可以研究其他"非牛顿流体"，例如蛋奶沙司和玉米粉浆（玉米淀粉和水）。

EXPERIMENT 94

实验94 从牛奶中提取"塑料"

学习目标：

从牛奶中提取一些塑料。

实验简介：

学生用白葡萄酒醋从热牛奶中提取塑料（酪蛋白）。

前期知识准备：

学生应该知道塑料是一种物质。

科学背景知识：

塑料是一种被称为"高分子聚合物"的物质，高分子聚合物由很多更小的单位（称为单体）组成。牛奶中含有一种蛋白质聚合物，称为酪蛋白，这种蛋白可以通过把牛奶加热，再加入酸性物质进行提取。热量和酸导致聚合物分解，然后就可以把聚合物提取出来并让它凝固。酪蛋白这种塑料已经存在一百多年了，它被用来制作珠宝首饰等小件饰品。它不如普通塑料结实耐用，所以不适合制作耐用品。

国家课程对接：

■ **一年级课程：** 日常材料

——辨认各种日常材料并说出名称，包括木头、塑料、玻璃、金属和石头。

■ **二年级课程：** 日常材料的使用

——了解某些材料制成的固体受到挤压、弯曲、扭曲和拉伸时形状会发生怎样的改变。

■ **五年级课程：** 物质的属性和变化

——解释有些物质的变化会生成新物质（这种改变通常是不可逆的），这些变化

包括燃烧反应和酸碱反应等。

所需材料：

- 牛奶。
- 白葡萄酒醋。
- 烧杯或水壶。
- 漏斗。
- 茶匙。
- 保温瓶或者其他密封容器。
- 滤纸。
- 纸巾。

⚠ 安全及技术注意事项：

- 只能由大人来加热牛奶。
- 牛奶不必煮沸，达到热饮的温度就够了。
- 用保温瓶或者其他密封容器盛装热牛奶。
- 要全程监督学生使用热牛奶。
- 提醒学生不要喝掉牛奶。
- 注意发生过敏现象。

实验方法：

教师准备工作：

准备好所需的牛奶（大约每个学生或每个小组一杯），把牛奶加热，但是不要煮开，把热牛奶放进保温壶或者其他密封容器里。

🎓 学生任务：

1. 向烧杯内加入4茶匙白葡萄酒醋。
2. 在老师的帮助下，把热牛奶倒入装醋的烧杯。
3. 用茶匙搅拌牛奶，观察会发生什么现象。
4. 把滤纸垫进漏斗，然后把漏斗放进另一个烧杯。
5. 当牛奶里出现很多块状物，把牛奶小心地倒进漏斗以分离出块状物。
6. 让块状物在漏斗里放一会儿，晾凉以后把滤纸小心拿出，把块状物抖到纸巾上，上面再盖一张纸巾，让它们更快地晾干。
7. 把块状物挤压到一起成球状，这就是你提取的塑料。
8. 像捏橡皮泥一样给塑料造型，等晾干以后再涂上颜色。

📊 数据收集：

学生可以用从牛奶中提取的塑料做出各种造型，晾干后涂上颜色或者装饰一下。

EXPERIMENT 94

这种塑料需要24~48小时才能干透。

差异化实验：

- **降低难度**：要让实验更容易一些，可以把学生分成小组并请一位老师协助。实验的规模可以再大一点，把出现块状物的牛奶倒入蔬菜滤网，放在水槽上沥水，用凉水冷却酪蛋白，把块状的酪蛋白挤压成团，然后正常做造型。
- **提高难度**：学生可以尝试用不同类型的奶做实验（例如豆奶、羊奶），观察实验结果。

备选问题：

- 用牛奶制造的塑料有什么属性特征？
- 什么物体通常由塑料制作而成？
- 从牛奶中提取塑料有什么优缺点？

拓展任务：

学生可以研究哪些物体是用牛奶塑料做的，还有哪些不寻常的塑料，例如植物塑料等。

实验95 清洁硬币

学习目标：

清洁一些脏硬币。

实验简介：

学生用醋和盐的混合物清洁脏硬币。

前期知识准备：

学生应该知道醋是一种酸。

科学背景知识：

硬币含有金属铜，时间一长，由于表面形成氧化铜，灰尘和污垢日复一日聚集在硬币表面，硬币变得又暗又脏。本实验中，白葡萄酒醋和盐混合在一起，醋是一种酸，它和盐发生反应生成醋酸钠（钠来自盐，醋酸来自醋）和少量盐酸，这两种化学物质能够清洁硬币（和其他金属）。如果把硬币表面的醋和盐洗掉，由于没了氧化铜，硬币就变干净了。但是，如果硬币表面的醋和盐没有用水冲洗干净，残留的醋和盐会让硬币和空气中的氧气发生反应，导致硬币表面迅速形成氧化铜，这会让硬币表面覆盖一层蓝/绿色锈衣，称为"铜绿"。此外，醋和盐的溶液里也含有从硬币上洗下来的铜。如果把钢钉放入溶液，钉子表面会覆盖一层铜衣，这是因为溶液里的铜会被钉子里的铁吸引。

国家课程对接：

- **四年级课程**：物质的形态

——比较物质的形态，把物质按固体、液体或气体进行分类。

- **五年级课程**：物质的属性和变化

——解释有些物质的变化会生成新物质（这种改变通常是不可逆的），这些变化

EXPERIMENT 95

包括燃烧反应和酸碱反应等。

所需材料：

- 脏硬币。
- 钢钉。
- 白葡萄酒醋。
- 盐。
- 烧杯。
- 大汤匙。
- 茶匙。
- 纸巾。

⚠️ **安全及技术注意事项：**

- 做完实验后学生必须洗手。

实验方法：

教师准备工作：

准备足够的脏硬币分给每个学生/小组。

🎓 **学生任务：**

1. 向烧杯内加入两大勺醋。
2. 醋里加一茶匙盐并搅拌。
3. 把硬币放进烧杯，放置一分钟。
4. 用另一只烧杯装清水。
5. 用汤勺把硬币捞出来，不要用手触碰硬币。
6. 把一半的硬币放入装清水的烧杯，洗掉上面的醋盐溶液，搅拌几秒钟。
7. 另一半硬币放到纸巾上，放置一会儿，不要洗掉醋盐溶液。
8. 从清水杯里拿出硬币，和之前的样子做比较，看看纸巾上的硬币，它们发生了什么变化？
9. 把一枚钢钉放进装醋盐溶液的烧杯里，静置几分钟。
10. 用汤匙把钢钉从烧杯里捞出，它发生了什么变化？

实验95

数据收集：
学生可以给实验前后的硬币和钢钉拍对比照片。

差异化实验：
- **降低难度**：用1角硬币做实验更容易。
- **提高难度**：学生可以用不同的酸（例如柠檬汁、陈醋等）做实验，看看它们清洁硬币的效果如何。

备选问题：
- 用醋盐溶液泡过后的硬币，如果用水/不用水清洗，会发生什么变化？你觉得为什么会这样？
- 放入醋盐溶液的钢钉发生了什么变化？你认为是什么原因？
- 你能想到还有什么东西可以用醋盐溶液清洁吗？

拓展任务：
学生可以研究铜像，为什么时间一久它们的颜色会发绿。

EXPERIMENT 96

实验96
五颜六色的牛奶

学习目标：

观察牛奶表面张力的影响。

实验简介：

学生观察在牛奶中加入食用色素和洗洁精会发生什么现象。

前期知识准备：

学生不需要任何预备知识来完成实验。

🔍 科学背景知识：

本实验的所有现象都和表面张力相关，表面张力存在于所有含水的液体中，本实验用牛奶代替水是因为牛奶的颜色更能突显色素的颜色（用水试验也能得到相似结果）。表面张力产生的原因是水分子呈现"粘"在一起的趋势，尤其是在液体表面，因为那里的水分子更少。张力导致水面形成类似皮肤的薄层，这使得一些在水面滑行的小昆虫看起来像在水面行走。洗洁精是用来打破水面张力的，这意味着它会破坏牛奶的表面张力，使水分子能更加自由地移动，从而把色素散布到牛奶表面的各个地方。

国家课程对接：

■ **五年级课程：** 物质的属性和变化

——根据硬度、溶解度、透明度、传导性（导电和导热）、磁性等物理属性，对日常材料进行比较和归类。

所需材料：

- 牛奶。
- 洗洁精。
- 不同颜色的食用色素。
- 滴管。
- 小碗。
- 棉签。

> 实验96

⚠ 安全及技术注意事项：
- 提醒学生不要喝掉牛奶。
- 注意发生过敏现象。

实验方法：
教师准备工作：
你可以把牛奶和洗洁精倒入水壶里，以便学生直接拿取所需的量。

🎓 学生任务：
1. 倒入牛奶，刚好盖住碗底即可。
2. 在牛奶中加入几滴食用色素，用四种不同颜色的色素，滴在牛奶各处。
3. 把棉签浸入洗洁精中，现在，把棉签伸进牛奶中，看看会发生什么。比较棉签碰到牛奶和碰到色素时发生的现象。
4. 试试看你能创造出什么图案，你能把颜色混合，创造出新的颜色吗？

📊 数据收集：
学生可以给他们最终的"牛奶作品"拍照。

差异化实验：
- **降低难度**：学生可以把在棉签粘到吸管下面。
- **提高难度**：可以让学生挑战一项任务——设计特别的图案或者模仿某位艺术家的风格进行创造，他们可以先练习，再完成"代表作"。

备选问题：
- 当你用棉签碰到牛奶/色素时，你观察到了什么？
- 你觉得为什么会出现这样的现象？
- 如果我们使用其他液体，你认为会得到类似的实验结果吗？你认为原因是什么？

拓展任务：
学生可以调查水黾等昆虫是如何利用表面张力在水面行走的。

EXPERIMENT 97

实验97 自制冰激凌

学习目标：

不用冰柜，自己制作冰激凌。

实验简介：

学生用冰、牛奶和岩盐自制冰激凌。

前期知识准备：

学生不需要任何预备知识来完成本次实验。

科学背景知识：

冰激凌是由牛奶或奶油混合物冷冻做成的，冰激凌通常是用冷柜或者冰激凌机制作。本实验中，用冰块和岩盐来代替。冰块为了冷冻住冰激凌混合液，会从混合液中吸取热量。这些热量会导致冰块融化，由固体变为液体。通常水结冰的冰点是0摄氏度，通过加入岩盐，冰点会降低。也就是说，冰块必须吸收比平时更多的热量才能融化，这使得冰激凌的冰冻速度比不加岩盐时更快。冬天在人行横道和马路上撒盐也是这个原因，水要在更低的温度下才会冻成冰。

国家课程对接：

- **四年级课程**：物质的形态

——观察有些物质在加热或降温时形态会发生怎样的变化，测量或研究形态变化时的温度（摄氏度℃）。

所需材料：

- 牛奶。
- 冰。
- 香草香精。

- 白砂糖。
- 岩盐。
- 大号和中号的拉链袋。
- 强力透明胶。
- 撒在冰激凌上的小食。

⚠️ **安全及技术注意事项：**

- 确保所有食品准备区干净卫生，学生在实验前应洗手。
- 检查有无过敏现象，如果有学生对奶制品过敏，可以用豆浆代替牛奶，实验方法是一样的。
- 确保本实验得到了学生家长的许可。

实验方法：

教师准备工作：

提前为每组/每个学生按量配好岩盐和冰块，每组需要6大汤勺岩盐和1千克冰块，你也可以根据每组的情况将其他原料提前配好。每组需要300毫升牛奶，一大勺白砂糖和1/4茶匙香草香精。

🎓 **学生任务：**

1. 将冰块和岩盐放进大号拉链袋里。
2. 将牛奶、白砂糖和香草香精放进中号拉链袋里，拉上袋子并用透明胶布封好，以防袋子开口。
3. 将装好配料的中号拉链袋放进装冰块的大号袋里，拉上大号袋并用透明胶布封好。
4. 挤压袋子，用两手交替互扔，让原料充分混合。
5. 约15分钟后你的冰激凌就做好了。打开袋子（可能需要老师的帮助），把冰激凌舀出来。

📊 **数据收集：**

学生可以给冰激凌原料和制作步骤拍照，做个陈列展示。

差异化实验：

- **降低难度**：要让实验更简单一些，可以将原料按比例量好，学生只需要将原料混

EXPERIMENT 97

合到一起。
- **提高难度**：学生可以进行一次"口味测试"，看看撒在冰激凌上的哪种小食最受欢迎。

备选问题：
- 你的冰激凌看起来/尝起来怎么样？跟普通冰激凌一样还是有些不同？
- 你认为我们能从冰激凌中将牛奶和糖再还原吗？
- 你认为这是制作冰激凌的最佳方法吗？为什么？

拓展任务：

学生可以研究人们在发明冰箱和冷柜前是怎样储存食物的，学生可以看看还有哪些保存食物的方法，比如腌渍、盐腌、烟熏等。

实验98
早餐吃点铁

学习目标：

研究哪些谷物早餐中含铁。

实验简介：

学生用杵和臼以及磁铁从早餐谷物中提取铁，谷物碾碎后，很容易将铁分离出来。

前期知识准备：

学生应当了解铁是有磁性的，能够被磁铁吸引。

科学背景知识：

为了更有营养，很多早餐吃的谷类食品都添加了铁，我们身体血液的红细胞需要铁元素来帮助输送氧气到全身。谷物早餐中添加的铁通常是食品级的细铁粉，食用起来很安全。由于铁粉和其他成分没有化学联系，所以很容易通过物理手段从谷物中分离出来。一旦谷物被碾碎，用强力磁铁就能将铁粉吸出来。不同的谷物添加了不同剂量的铁，查看包装盒上的营养成分表能找到这些信息。最好用含铁量高的谷物，这样就能最大限度提高铁粉从谷物中被提取的机会。

国家课程对接：

■ **二年级课程：** 动物，包括人类

——描述合理运动、饮食得当和讲究卫生对人类的重要性。

■ **三年级课程：** 动物，包括人类

——了解动物，包括人类，需要适宜和适量的营养，他们不能自己制造食物，只能靠摄取食物获得营养。

EXPERIMENT 98

- **四年级课程**：力与磁
——观察磁铁如何相互吸引或排斥，以及如何吸引或排斥其他物质。
- **六年级课程**：动物，包括人类
——认识饮食、运动、药物以及生活方式对身体功能的影响。

所需材料：
- 不同的谷物早餐（查看营养表，选择含铁量不同的谷物）。
- 塑料烧杯。
- 磁铁。
- 杵和臼，或者能碾碎谷物早餐的工具。
- 白纸。

⚠ 安全及技术注意事项：
- 本实验需要使用强力磁铁，用你能找到的磁力最强的磁铁。
- 用玻璃纸将磁铁包起来，这样更方便将铁粉从磁铁上弄下来，也方便比较从每种谷物中提取了多少铁。
- 提醒学生不要吃掉谷物早餐。

实验方法：

教师准备工作：

将不同的谷物放入不同的碗里，记下每个碗装的是哪种谷物，但不要让学生知道，用玻璃纸将磁铁包起来。

🎓 **学生任务：**

1. 将你要测试的谷物早餐放一些到杵臼里。

2. 将谷物碾碎成粉末，这可能需要些时间。

3. 用磁铁去吸谷物中的铁，你应该能在磁铁上看到铁，用磁铁在碾碎的谷物中"搅一搅"，直到吸不出更多的铁为止。

4. 用其他谷物重复上述实验，每次换一个新磁铁，不要将玻璃纸从磁铁上取下，轻轻地将磁铁放在白纸上。

5. 实验结束后，按照吸出的铁粉数量多少把磁铁依次排好，和老师一起核对看看顺序是否正确。

> 实验98

📊 数据收集：

学生可以根据吸出的铁量多少对谷物进行排序，他们可以用肉眼观察磁铁，判断吸取的铁量。

差异化实验：

- **降低难度**：用马蹄形磁铁实验起来更容易。
- **提高难度**：学生可以用天平来称量提取出的铁粉重量，拆开包住磁铁的玻璃纸，就能让铁粉落下（所以需要在天平上拆开）。但是，由于提取出的铁量会很小，可能需要精度较高的电子天平。

备选问题：

- 你发现哪种谷物含铁最多？你是怎么知道的？
- 你发现哪种谷物含铁最少？你是怎么知道的？
- 你认为谷物早餐中为什么要添加铁？

拓展任务：

学生可以调查还有哪些食物中添加了矿物质以及这么做的原因，学生也可以研究自来水，看看有些地区是如何往水里添加氟和氯的。

实验99
在杯子里堆肥

学习目标：

制作一堆迷你肥料。

实验简介：

学生用含氮和含碳的有机物在塑料杯里制作肥料。

前期知识准备：

学生应当了解植物需要在土壤等介质中生长，这些介质应当含有植物生长所需的矿物质。

科学背景知识：

肥料是从有机物中分解而来。堆肥会生成像土一样的物质，既可以作为植物生长的媒介，也可添加到土里增加土壤的营养含量，改善土壤状况。制作肥料的有机物可以分为两类：绿色垃圾（含氮量高），比如蔬果皮、草屑以及喝过的茶包；褐色垃圾（含碳量高），比如报纸、纸板以及枯树叶。肥料可以在容器里制作，或者直接堆在地上，细菌会将有机物分解为肥料。由于有细菌参与其中，肥堆必须保持潮湿，并定期翻动，增加氧气含量。当肥堆变成深褐色而且质地易碎时，肥料就做好了。

国家课程对接：

■ 二年级课程：植物

——观察并描述种子和球茎是怎样生长成熟的。

■ 三年级课程：植物

——了解植物生存和生长所需要的条件（空气、光照、水分、土壤中的养分和生长空间），以及不同植物的需求有何差别。

实验99

所需材料：
- 小的塑料杯，最好是干净的。
- 各种可用作堆肥的材料，包括绿色垃圾和褐色垃圾：树叶、草屑和植物、喝过的茶包、咖啡渣、报纸以及蔬果皮都是不错的选择。
- 水、大汤勺、保鲜膜、橡皮筋、从花园挖的土。

⚠️ **安全及技术注意事项：**
- 实验结束后学生应当洗手。
- 本实验耗时很长，原料分解的时间长短取决于选取的材料、用水量以及温度，最好是实验主题一确定就开始堆肥，然后定期观测。
- 杯子里的原料不宜太湿，实验过程中只需要保持潮湿即可。

实验方法：

教师准备工作：

收集好要放在杯子里的原料，分成绿色垃圾和褐色垃圾两类。

允许学生选择自己想要放进杯子的原料，但要确保他们两种类型的垃圾都选了。

从花园收集一些土壤，足够给每个学生一大勺左右，土壤有助于提供分解有机物所需的细菌。

你可能需要为学生提前把保鲜膜剪成方块，用来盖杯子。

🎓 **学生任务：**

1. 挑选堆肥用的原料，从绿色垃圾和褐色垃圾中分别选一些。
2. 把原料放到杯子里，将两种垃圾原料分层交替叠放。
3. 杯子堆满后，上面加一大勺土和一大勺水。
4. 在杯子上盖一张保鲜膜并用橡皮筋绑好，确保杯口被全部盖住。
5. 现在轻轻地摇晃杯子，让土壤和水混进肥堆里。
6. 给杯子贴上标签，写上你的名字，放在温暖的地方，窗台就很好。
7. 每隔几天检查一下你的杯子，看看发生了什么。检查杯子时加一小勺水，轻轻摇晃一下。当肥堆变成深褐色而且质地易碎时，你的肥料就做好了。

📊 **数据收集：**

学生可以在制造肥料的过程中拍照，做一条堆肥的"时间线"。

EXPERIMENT 99

差异化实验：

- **降低难度：** 学生在往杯子里堆放原料时可能需要帮忙，用大杯子、小组成员一起做实验可能更好。
- **提高难度：** 学生可以制作三种肥料：一种用绿色垃圾和褐色垃圾混合制作，一种只用绿色垃圾，一种只用褐色垃圾，比较三者的区别。

备选问题：

- 你认为我们放在杯子里的原料会发生什么变化？
- 你认为"绿色"垃圾和"褐色"垃圾有什么区别？
- 为什么肥料对植物有好处？

拓展任务：

　　学生可以在制作的肥料里种一棵植物，杯子的大小可能正好适合种像红花菜豆之类的植物。在普通土壤里种上另一棵植物，和种在肥料里的植物进行比较。

实验100
制作晶体

学习目标：

用泻盐（硫酸镁）自己制作晶体。

实验简介：

学生用泻盐制作晶体。

前期知识准备：

学生不需要任何预备知识来完成本次实验。

🔍 **科学背景知识：**

晶体是一种按几何形状重复排列的固体矿物质，有些晶体是自然形成的，比如钻石、蓝宝石等宝石。盐也可以形成晶体，泻盐是一种主要成分为硫酸镁的盐。首先将盐放进热水中溶解，当水冷却后，硫酸镁颗粒会互相碰撞形成晶体结构。本实验需要几天完成，所以最好是在一周的头两天就开始，这样学生可以每天观测他们做的晶体。

国家课程对接：

■ **一年级课程**：日常材料

——辨认各种日常材料并说出名称，包括木头、塑料、玻璃、金属和石头。

■ **三年级课程**：石头

——根据石头的外观和基本物理特点，比较不同种类的石头并进行归类。

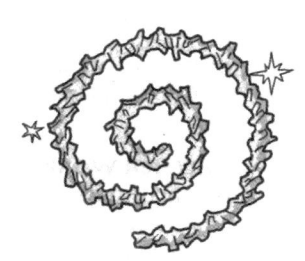

EXPERIMENT 100

所需材料：

- 泻盐。
- 烧杯或者空玻璃罐，比如果酱罐。
- 培养皿或者玻璃罐的盖子。
- 搅拌木棒。
- 热水（最好是刚烧开的）。
- 食用色素。
- 线。
- 小卵石或小石子。

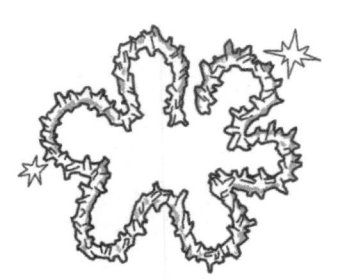

⚠️ **安全及技术注意事项：**

- 无论什么时候都应该在教室里用密闭的容器如水壶来烧水，老师将开水倒入烧杯和玻璃罐，不要使用塑料容器，因为它们可能会被烫变形。

实验方法：

教师准备工作：

把水壶里的开水倒进烧杯或玻璃罐中，装满一半即可，给每个学生分一杯或一罐。

🎓 **学生任务：**

1. 往水里加入一些泻盐，用木棒搅拌。一点点加盐并不停搅拌，直到不能再溶解为止，你能在烧杯或玻璃罐底部看到一些盐的晶体。

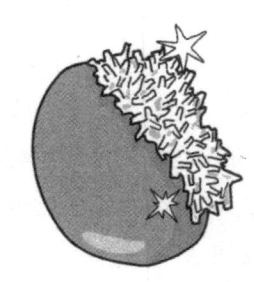

2. 加入几滴食用色素。

3. 请老师将你制好的水倒入三个培养皿或者罐盖里。

4. 在其中一个培养皿或罐盖里放入一些线，你可以将线摆成任意你想要的造型，但要当心这时候水还很烫。

5. 在另一个培养皿或罐盖里放入卵石，你可以

任意摆放。

6. 将培养皿或罐盖放在安全的地方。

7. 第二天来检查培养皿，看看你生产出了什么样的晶体。

数据收集：

学生可以在不同时间段给晶体拍照，看看它们是怎么生成的，然后可以按"时间线"排列这些照片。或者，学生可以将晶体的"最终"状态画下来（经过几天的生长），跟美术课进行跨学科学习。

差异化实验：

- **降低难度**：学生在培养皿里摆放线时可能需要老师的帮助。
- **提高难度**：学生可以尝试研究在水温不同幅度下降时，晶体会发生什么变化。学生可以将一个培养皿放在冰箱里（注意避免被食物污染），一个放在凉爽的窗台，一个放在温暖的地方如暖气片上等。

备选问题：

- 你对晶体做了哪些观察？
- 你能看到晶体呈什么形状？是规则形状还是不规则形状？
- 当你把线和小石头放进晶体时，发生了什么现象？

拓展任务：

学生可以观察自然形成的晶体比如矿物和宝石，比较晶体的自然形成过程和人工生成晶体的过程。

附 录
电路符号

电源	—⊣⊢—	电阻器	—▭—
电池	—⊣⊢- -⊣⊢—	可变电阻器	—▱—
导线	———————	发光的二极管	—▷|—
灯泡	—⊗—	安培计（电流计）	—(A)—
开关	—o/ o—	伏特计（电压计）	—(V)—
马达	—(M)—	保险丝（熔线）	—▭—
蜂鸣器	—⊐		

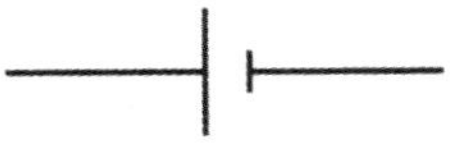

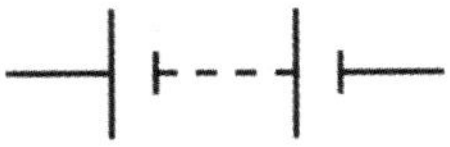

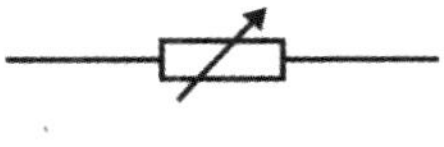

"常青藤"书系—中青文教师用书总目录

	书名	书号	定价
	特别推荐——从优秀到卓越系列		
★	从优秀教师到卓越教师：极具影响力的日常教学策略（入选浙江省教师节用书）	9787515312378	33.80
★	从优秀教学到卓越教学：让学生专注学习的最实用教学指南	9787515324227	39.90
★	从优秀学校到卓越学校：他们的校长在哪些方面做得更好	9787515325637	33.80
★	卓越课堂管理（中国教育新闻网2015年度"影响教师的100本书"）	9787515331362	88.00
	名师新经典/教育名著		
★	马文·柯林斯的教育之道：通往卓越教育的路径（《中国教育报》2019年度"教师喜爱的100本书"，中国教育新闻网"影响教师的100本书"。朱永新作序，李希贵力荐）	9787515355122	49.80
★	如何当好一名学校中层：快速提升中层能力、成就优秀学校的31个高效策略	9787515346519	29.00
★	像冠军一样教学：引领学生走向卓越的62个教学诀窍	9787515343488	49.00
	像冠军一样教学2：引领教师掌握62个教学诀窍的实操手册与教学资源	9787515352022	68.00
★	如何成为高效能教师（美国最畅销教师用书，销量超过350万册，教师培训第一书）	9787515301747	89.00
★	给教师的101条建议（第三版）（《中国教育报》"最佳图书"奖）	9787515342665	33.00
★	改善学生课堂表现的50个方法（入选《中国教育报》"影响教师的100本书"）	9787500693536	33.00
	改善学生课堂表现的50个方法操作指南：小技巧获得大改变	9787515334783	29.00
★	优秀教师一定要知道的17件事（美国当前最有影响教育畅销书作者全新力作）	9787515342726	23.00
	美国中小学世界历史读本/世界地理读本/艺术史读本	9787515317397等	106.00
	美国语文读本1-6	9787515314624等	252.70
	和优秀教师一起读苏霍姆林斯基	9787500698401	27.00
	快速破解60个日常教学难题	9787515339320	39.90
★	美国最好的中学是怎样的——让孩子成为学习高手的乐园	9787515344713	28.00
	建立以学习共同体为导向的师生关系：让教育的复杂问题变得简单	9787515353449	33.80
	教师成长/专业素养		
	卓越教师工具包：帮你顺利度过从教的前5年	9787515361345	49.00
★	可见的学习与深度学习：最大化学生的技能、意志力和兴奋感	9787515361116	45.00
	学生教给我的17件重要的事：带给你爱、勇气、坚持与创意的人生课堂	9787515361208	39.80
★	教师如何持续学习与精进	9787515361109	39.00
	从实习教师到优秀教师	9787515358673	39.90
	像领袖一样教学：改变学生命运，使学生变得更好（中国教育新闻网2015年度"影响教师的100本书"）	9787515355375	49.00
★	你的第一年：新教师如何生存和发展	9787515351599	33.80
	教师精力管理：让教师高效教学，学生自主学习	9787515349169	28.00
	如何使学生成为优秀的思考者和学习者：哈佛大学教育学院课堂思考解决方案	9787515348155	39.80
	反思性教学：一个已被证明能让所有教师做到最好的培训项目（30周年纪念版）	9787515347837	49.00
★	凭什么让学生服你：极具影响力的日常教育策略（中国教育新闻网2017年度"影响教师的100本书"）	9787515347554	28.00
	运用积极心理学提高学生成绩（中国教育新闻网2017年度"影响教师的100本书"）	9787515345680	39.80

	书名	书号	定价
	可见的学习与思维教学：成长型思维教学的54个教学资源：教学资源版	9787515354743	36.00
★	可见的学习与思维教学：让教学对学生可见，让学习对教师可见（中国教育报2017年度"教师最喜爱的100本书"）	9787515345000	29.80
	教学是一段旅程：成长为卓越教师你一定要知道的事	9787515344478	39.00
	安奈特·布鲁肖写给教师的101首诗	9787515340982	35.00
	万人迷老师养成宝典学习指南	9787515340784	28.00
	中小学教师职业道德培训手册：师德的定义、养成与评估	9787515340777	32.00
	成为顶尖教师的10项修炼（中国教育新闻网2015年度"影响教师的100本书"）	9787515334066	35.00
★	T.E.T.教师效能训练：一个已被证明能让所有年龄学生做到最好的培训项目（30周年纪念版）（中国教育新闻网2015年度"影响教师的100本书"）	9787515332284	49.00
	教学需要打破常规：全世界最受欢迎的创意教学法（中国教育新闻网2015年度"影响教师的100本书"）	9787515331591	33.00
	10天卓越教师自我培训（教育家安奈特·布鲁肖顶尖卓越教师培训教材）	9787515329925	29.00
	给幼儿教师的100个创意：幼儿园班级设计与管理 / 为幼升小做准备	9787515330310等	58.00
	给小学教师的100个创意：发展思维能力	9787515327402	29.00
	给中学教师的100个创意：如何激发学生的天赋和特长 / 杰出的教学 / 快速改善学生课堂表现	9787515330723等	87.90
	以学生为中心的翻转教学11法	9787515328386	29.00
	如何使教师保持职业激情	9787515305868	29.00
★	如何培训高效能教师：来自全美权威教师培训项目的建议	9787515324685	32.00
	良好教学效果的12试金石：每天都需要专注的事情清单	9787515326283	29.90
★	让每个学生主动参与学习的37个技巧	9787515320526	28.00
	给教师的40堂培训课：教师学习与发展的最佳实操手册	9787515352787	39.90
	提高学生学习效率的9种教学方法	9787515310954	27.80
★	优秀教师的课堂艺术：唤醒快乐积极的教学技能手册	9787515342719	26.00
★	万人迷老师养成宝典（第2版）（入选《中国教育报》"2010年影响教师的100本书"）	9787515342702	29.00
	高效能教师的9个习惯	9787500699316	26.00
	课堂教学/课堂管理		
	跨学科项目式教学：通过"+1"教学法进行计划、管理和评估	9787515361086	49.00
	课堂上最重要的56件事	9787515360775	35.00
★	全脑教学与游戏教学法	9787515360690	39.00
★	深度教学：运用苏格拉底式提问法有效开展备课设计和课堂教学	9787515360591	49.90
★	一看就会的课堂设计：三个步骤快速构建完整的课堂管理体系	9787515360584	39.90
	如何有效激发学生学习兴趣	9787515360577	38.00
	如何解决课堂上最关键的9个问题	9787515360195	49.00
	多元智能教学法：挖掘每一个学生的最大潜能	9787515359885	39.90
★	探究式教学：让学生学会思考的四个步骤	9787515359496	39.00
	课堂提问的技术与艺术	9787515358925	49.00
	如何在课堂上实现卓越的教与学	9787515358321	49.00

	书名	书号	定价
	基于学习风格的差异化教学	9787515358437	39.90
★	如何在课堂上提问：好问题胜过好答案	9787515358253	39.00
★	高度参与的课堂：提高学生专注力的沉浸式教学	9787515357522	39.90
	让学习变得有趣	9787515357782	39.00
★	如何利用学校网络进行项目式学习和个性化学习	9787515357591	39.00
	基于问题导向的互动式、启发式与探究式课堂教学法	9787515356792	49.00
	如何在课堂中使用讨论：引导学生讨论式学习的60种课堂活动	9787515357027	38.00
	如何在课堂中使用差异化教学	9787515357010	39.00
★	如何在课堂中培养成长型思维	9787515356754	39.90
	每一位教师都是领导者：重新定义教学领导力	9787515356518	39.00
★	教室里的1-2-3魔法教学：美国广泛使用的从学前到八年级的有效课堂纪律管理	9787515355986	39.90
	如何在课堂中使用布卢姆教育目标分类法	9787515355658	39.00
	如何在课堂上使用学习评估	9787515355597	39.00
	7天建立行之有效的课堂管理系统：以学生为中心的分层式正面管教	9787515355269	29.90
	积极课堂：如何更好地解决课堂纪律与学生的冲突	9787515354590	38.00
	设计智慧课堂：培养学生一生受用的学习习惯与思维方式	9787515352770	39.00
	追求学习结果的88个经典教学设计：轻松打造学生积极参与的互动课堂	9787515353524	39.00
	从备课开始的100个课堂活动设计：创造积极课堂环境和学习乐趣的教师工具包	9787515353432	33.80
	老师怎么教，学生才能记得住	9787515353067	48.00
	多维互动式课堂管理：50个行之有效的方法助你事半功倍	9787515353395	39.80
	智能课堂设计清单：帮助教师建立一套规范程序和做事方法	9787515352985	49.90
	提升学生小组合作学习的56个策略：让学生变得专注、自信、会学习	9787515352954	29.90
	快速处理学生行为问题的52个方法：让学生变得自律、专注、爱学习	9787515352428	39.00
	王牌教学法：罗恩·克拉克学校的创意课堂	9787515352145	39.80
	让学生快速融入课堂的88个趣味游戏：让上课变得新颖、紧凑、有成效	9787515351889	39.00
★	如何调动与激励学生：唤醒每个内在学习者（李希贵校长推荐全校教师研读）	9787515350448	39.80
	合作学习技能35课：培养学生的协作能力和未来竞争力	9787515340524	45.00
	基于课程标准的STEM教学设计：有趣有料有效的STEM跨学科培养教学方案	9787515349879	68.00
	如何设计教学细节：好课堂是设计出来的	9787515349152	39.00
	15秒课堂管理法：让上课变得有料、有趣、有秩序	9787515348490	33.80
	混合式教学：技术工具辅助教学实操手册	9787515347073	39.80
	从备课开始的50个创意教学法	9787515346618	29.00
	中学生实现成绩突破的40个引导方法	9787515345192	33.00
	给小学教师的100个简单的科学实验创意	9787515342481	39.00
	老师如何提问，学生才会思考	9787515341217	33.80
	教师如何提高学生小组合作学习效率	9787515340340	29.00
	卓越教师的200条教学策略	9787515340401	35.00
	中小学生执行力训练手册：教出高效、专注、有自信的学生	9787515335384	33.80
	从课堂开始的创客教育：培养每一位学生的创造能力	9787515342047	33.00

	书名	书号	定价
	提高学生学习专注力的8个方法：打造深度学习课堂	9787515333557	35.00
	改善学生学习态度的58个建议	9787515324067	25.00
★	全脑教学（中国教育新闻网2015年度"影响教师的100本书"）	9787515323169	38.00
★	全脑教学与成长型思维教学：提高学生学习力的92个课堂游戏	9787515349466	39.00
★	哈佛大学教育学院思维训练课	9787515325101	36.00
	完美结束一堂课的35个好创意	9787515325163	28.00
	如何更好地教学：优秀教师一定要知道的事（被英国教育界奉为圣经的教学用书）	9787515324609	36.00
	带着目的教与学	9787515323978	28.00
★	美国中小学生社会技能课程与活动（学前阶段/1-3年级/4-6年级/7-12年级）	9787515322537等	153.80
	彻底走出教学误区：开启轻松智能课堂管理的45个方法	9787515322285	28.00
	破解问题学生的行为密码：如何教好焦虑、逆反、孤僻、暴躁、早熟的学生	9787515322292	36.00
	13个教学难题解决手册	9787515320502	28.00
★	让学生爱上学习的165个课堂游戏	9787515319032	39.00
	美国学生游戏与素质训练手册：培养孩子合作、自尊、沟通、情商的103种教育游戏	9787515325156	49.00
	老师怎么说，学生才会听	9787515312057	28.00
	快乐教学：如何让学生积极与你互动（入选《中国教育报》"影响教师的100本书"）	9787500696087	29.00
★	老师怎么教，学生才会提问	9787515317410	29.00
★	快速改善课堂纪律的75个方法	9787515313665	28.00
★	教学可以很简单：高效能教师轻松教学7法	9787515314457	39.00
★	好老师可以避免的20个课堂错误（入选《中国教育报》"影响教师的100本图书"）	9787500688785	39.90
★	好老师应对课堂挑战的25个方法（《给教师的101条建议》作者新书）	9787500699378	25.00
★	好老师激励后进生的21个课堂技巧	9787515311838	39.80
	开始和结束一堂课的50个好创意	9787515312071	29.80
	好老师因材施教的12个方法（美国著名教师伊莉莎白"好老师"三部曲）	9787500694847	22.00
★	如何打造高效能课堂（美国《学习》杂志"教师必选"奖，"激励教师组织"推荐书目）	9787500680666	29.00
	合理有据的教师评价：课堂评估衡量学生进步	9787515330815	29.00
班主任工作/德育			
★	北京四中8班的教育奇迹	9787515321608	36.00
★	师德教育培训手册	9787515326627	29.80
	中小学教师职业道德培训手册：师德的定义、养成与评估	9787515340777	32.00
★	好老师征服后进生的14堂课（美国著名教师伊莉莎白"好老师"三部曲）	9787500693819	39.90
	优秀班主任的50条建议：师德教育感动读本（《中国教育报》专题推荐）	9787515305752	23.00
学校管理/校长领导力			
★	学校管理最重要的48件事	9787515361055	39.80
	重新设计学习和教学空间：设计利于活动、游戏、学习、创造的学习环境	9787515360447	49.90
	重新设计一所好学校：简单、合理、多样化地解构和重塑现有学习空间和学校环境	9787515356129	49.00
	让樱花绽放英华	9787515355603	79.00
	学校管理者平衡时间和精力的21个方法	9787515349886	29.90
	校长引导中层和教师思考的50个问题	9787515349176	29.00

书名	书号	定价
如何定义、评估和改变学校文化	9787515340371	29.80
优秀校长一定要做的18件事（入选《中国教育报》"2009年影响教师的100本书"）	9787515342733	26.00
学科教学/教科研		
北京四中语文课：千古文章	9787515360973	59.00
北京四中语文课：亲近经典	9787515360980	59.00
从备课开始的56个英语创意教学：快速从小白老师到名师高手	9787515359878	49.90
美国学生写作技能训练	9787515355979	39.90
《道德经》妙解、导读与分享（诵读版）	9787515351407	49.00
京沪穗江浙名校名师联手教你：如何写好中考作文	9787515356570	49.90
京沪穗江浙名校名师联手授课：如何写好高考作文	9787515356686	49.80
★ 人大附中中考作文取胜之道	9787515345567	39.80
★ 人大附中高考作文取胜之道	9787515320694	33.80
★ 人大附中学生这样学语文：走近经典名著	9787515328959	33.80
四界语文（中国教育报2017年度"教师喜爱的100本书"）	9787515348483	49.00
让小学一年级孩子爱上阅读的40个方法	9787515307589	39.90
让学生爱上数学的48个游戏	9787515326207	26.00
轻松100课教会孩子阅读英文	9787515338781	88.00
情商教育/心理咨询		
9节课，教你读懂孩子：妙解亲子教育、青春期教育、隔代教育难题	9787515351056	39.80
★ 学生版盖洛普优势识别器（独一无二的优势测量工具）	9787515350387	169.00
与孩子好好说话（获"美国国家育儿出版物（NAPPA）金奖"，沟通圣经）	9787515350370	39.80
中小学心理教师的10项修炼	9787515309347	36.00
★ 别和青春期的孩子较劲（增订版）（入选《中国教育报》"2009年影响教师的100本书"）	9787515343075	28.00
★ 100条让孩子胜出的社交规则	9787515327648	28.00
守护孩子安全一定要知道的17个方法	9787515326405	32.00
幼儿园/学前教育		
用蒙台梭利教育法开启0～6岁男孩潜能	9787515361222	45.00
德国幼儿的自我表达课：不是孩子爱闹情绪，是她/他想说却不会说！	9787515359458	59.00
德国幼儿教育成功的秘密： 近距离体验德国学前教育理念与幼儿园日常活动安排	9787515359465	49.80
美国儿童自然拼读启蒙课：至关重要的早期阅读训练系统	9787515351933	49.80
幼儿园30个大主题活动精选：让工作更轻松的整合技巧	9787515339627	39.80
★ 美国幼儿教育活动大百科：3-6岁儿童学习与发展指南用书 科学 / 艺术 / 健康与语言 / 社会	9787515324265等	600.00
蒙台梭利早期教育法：3-6岁儿童发展指南（理论版）	9787515322544	29.80
蒙台梭利儿童教育手册：3-6岁儿童发展指南（实践版）	9787515307664	33.00
★ 自由地学习：华德福的幼儿园教育	9787515328300	29.90
赞美你：奥巴马给女儿的信	9787515303222	36.00
史上最接地气的幼儿书单	9787515329185	39.80

书名	书号	定价
教育主张/教育视野		
终身学习：让学生在未来拥有不可替代的决胜力	9787515360560	49.90
颠覆性思维：为什么我们的阅读方式很重要	9787515360393	39.90
如何教学生阅读与思考：每位教师都需要的阅读训练手册	9787515359472	39.00
"互联网+"时代，如何做一名成长型教师	9787515340302	29.90
教出阅读力	9787515352800	39.90
为学生赋能：当学生自己掌控学习时，会发生什么	9787515352848	33.00
如何用设计思维创意教学：风靡全球的创造力培养方法	9787515352367	39.80
如何发现孩子：实践蒙台梭利解放天性的趣味游戏	9787515325750	32.00
如何学习：用更短的时间达到更佳效果和更好成绩	9787515349084	49.00
教师和家长共同培养卓越学生的10个策略	9787515331355	27.00
★ 如何阅读：一个已被证实的低投入高回报的学习方法	9787515346847	39.00
★ 芬兰教育全球第一的秘密（钻石版）（《中国教育报》等主流媒体专题推荐，台湾地区教育类畅销书榜第一名）	9787515359922	59.00
世界最好的教育给父母和教师的45堂必修课（《芬兰教育全球第一的秘密》2）	9787515342696	28.00
★ 杰出青少年的7个习惯（精英版）（中小学图书馆推荐书目、中国青少年必读书目）	9787515342672	39.00
杰出青少年的7个习惯（成长版）	9787515335155	29.00
★ 杰出青少年的6个决定（领袖版）（中小学图书馆推荐书目、中国青少年必读书目、全国优秀出版物奖）	9787515342658	28.00
7个习惯教出优秀学生（第2版）（全球第一畅销书《高效能人士的七个习惯》教师版）	9787515342573	39.90
学习的科学：如何学习得更好更快（入选中国教育网2016年度"影响教师的100本书"）	9787515341767	39.80
杰出青少年构建内心世界的5个坐标（中国青少年成长公开课）	9787515314952	59.00
★ 跳出教育的盒子（第2版）（美国中小学教学经典畅销书）	9787515344676	35.00
夏烈教授给高中生的19场讲座（入选《中国教育报》"2013年最受教师欢迎的100本书"）	9787515318813	29.90
★ 学习之道：美国公认经典学习书	9787515342641	39.00
翻转学习：如何更好地实践翻转课堂与慕课教学（中国教育新闻网2015年度"影响教师的100本书"）	9787515334837	32.00
★ 翻转课堂与慕课教学：一场正在到来的教育变革	9787515328232	26.00
翻转课堂与混合式教学：互联网+时代，教育变革的最佳解决方案	9787515349022	29.80
翻转课堂与深度学习：人工智能时代，以学生为中心的智慧教学	9787515351582	29.80
★ 奇迹学校：震撼美国教育界的教学传奇（中国教育新闻网2015年度"影响教师的100本书"）	9787515327044	36.00
★ 学校是一段旅程：华德福教师1-8年级教学手记	9787515327945	32.00
★ 高效能人士的七个习惯（30周年纪念版）（全球畅销书）	9787515360430	79.00

您可以通过如下途径购买：
1. 书　　　店：各地新华书店、教育书店。
2. 网上书店：当当网（www.dangdang.com）、亚马逊中国网（www.amazon.cn）、天猫（zqwts.tmall.com）、京东网（www.360buy.com）。
3. 团　　　购：各地教育部门、学校、教师培训机构、图书馆团购，可享受特别优惠。
　　购书热线：010-65511270 / 65516873